改訂版 教科書にそって学べる

国語教科書プリントの特色と使い方

光村図書版

新教材を追加して全面改訂! 教科書にそって使えます。

・教科書と同じ配列なので，授業の進度に合わせて使えます。
・目次の 教科書 マークがついている単元は教科書の本文が掲載されていませんので，教科書をよく読んで学習しましょう。

豊かな読解力や確かな言葉の力がつきます。

・文学作品や説明文の問題がたくさん掲載されているので，豊かな読解力がつきます。
・ことばや文法の練習問題をさまざまな形式で出題しているので，確かなことばの力がつきます。
・漢字は，読み・書きの両方が学習出来るので，とても使いやすく力もつきます。

予習・復習やテスト対策にもばっちりです。

・教科書に合わせて，基礎・基本的な問題から，活用力を必要とする問題まで掲載されているので，ご家庭や学校での予習・復習に最適です。また，テストに出やすい問題がたくさん掲載されています。

わかりやすい設問・楽しいイラストで学習意欲も向上します。

・設問は，できる限り難しい言葉を使わないようにしています。また，ところどころに楽しいイラストを入れました。
・A4 サイズのプリントになっているので，文字も読みやすく，解答欄も広々していて書きやすいです。
(A4 → B4 に拡大して使用していただくと，もっと広々使えます。)
・一日一ページ，集中して楽しく学習できるよう工夫されています。

3年　目次

※ 教科書 …このマークのある単元は教科書を読んでやりましょう。

国語の学びを 見わたそう
よく聞いて、じこしょうかい

名前

● 二年生で学んだこと

(1) 話すとき、聞くときには、どんなことに気をつけますか。（　）にあてはまる言葉を［　］からえらんで書きましょう。（6×6）

・つたえたいことを、「（　　）」「中」「（　　）」の組み立てで話す。

・（　　）の大きさや、（　　）に気をつけて話す。

・（　　）をして相手《あい》の考えを引き出す。

・（　　）なことは、書きとめる。

大事	はじめ	しつもん
終《お》わり	速《はや》さ	声

(2) 書くときに気をつけることは、どんなことですか。あてはまるもの二つに○をつけましょう。（5×2）

（　）つたえたいことは、メモして書きとめておく。

（　）「はじめ」「中」「終《お》わり」の、「はじめ」には、くわしくせつめいを書く。

（　）丸（。）や点（、）をたくさん使《つか》って書く。

（　）ないようのまとまりに気をつけて書く。

(3) つぎの文は、物語《ものがたり》や詩《し》を読むときに、気をつけるとよいことが書いてあります。（　）にあてはまる言葉を［　］からえらんで書きましょう。（6×4）

・（　　）のしたことや言ったことに気をつけて読む。

・「いつ」「（　　）」に気をつけて読む。

・おこった（　　）をたしかめながら読む。

・（　　）だったら、どうするかをかんがえながら読む。

どこで	登《とう》場人物《ぶつ》	自分	出来事《できごと》

(4) つぎの文は、せつめいする文章《しょう》を読むときに、気をつけるとよいことが書いてあります。（　）にあてはまる言葉を［　］からえらんで書きましょう。（6×3）

・順序《じゅんじょ》や（　　）に気をつけて読む。

・言葉《ことば》や絵、（　　）などの使い方に気をつけて読む。

・書かれていることと、（　　）の知っていることをつなげて読む。

写真《しゃしん》	わけ	自分

● よく聞いて、じこしょうかい

(5) 自分のすきなものを一つ書いて、じこしょうかいをする文を書きましょう。（6×2）

すきなもの（　　　）

どきん

名前

どきん

谷川《たにかわ》　俊《しゅん》太郎《たろう》

さわってみようかなあ㋐　つるつる
おしてみようかなあ　ゆらゆら
もすこしおそうかなあ　ぐらぐら
もいちどおそうかなあ　がらがら
たおれちゃったよなあ　えへへ
いんりょくかんじるねえ　みしみし
ちきゅうはまわってるう　ぐいぐい
かぜもふいてるよお　そよそよ
あるきはじめるかあ　ひたひた
だれかがふりむいた！　どきん

（令和六年度版　光村図書　国語　三上　わかば　谷川　俊太郎）

● 上の詩を読んで答えましょう。

(1) ㋐なあについて、答えましょう。

① ほかにも同じように、音をのばすようにおわっている言葉があります。四つさがして書きましょう。（7×4）

② ㋐なあのような言葉が、くりかえしつかわれていることで、どのようなかんじがしますか。一つに○をつけましょう。（6）

（　）てきぱきと、しっかりしたかんじ。
（　）のんびり、ゆったりしたかんじ。
（　）いきおいのある、いそいだかんじ。

(2) 次の①～④にあてはまる言葉を［　］からえらんで（　）に書きましょう。（7×4）

① 小さくゆれている（　）
② 大きくゆれている（　）
③ すべるようなかんじ（　）
④ たおれてしまった音（　）

［つるつる　ゆらゆら　ぐらぐら　がらがら］

(3) 六行目～十行目の中から、「つるつる」のように、くりかえしている言葉をさがして四つ書きましょう。（7×4）

（　）（　）（　）（　）

(4) この詩の中で、ほかの行とちがうかんじのする一行を書き出しましょう。（10）

（　）

春風をたどって（1）

「旅に出たいなあ。」

りすのルウは、さいきん、そんなことばかり言っています。

心をうきうきさせるような春風が、高い木のえだにすわった㋐ルウのしっぽをくすぐっていきます。

㋑ルウは、ふさふさしたしっぽをたいくつそうにゆらしながら、たから物のことを思い出していました。

㋒ルウのたから物は、風の強い日にどこからかとばされてきた、たくさんのしゃしんです。㋓しゃしんにうつっていたのは、青くすき通った海に、雪をかぶった白一色の山々、黄金にかがやくさばく。どれもルウが見たことのない、すばらしいけしきばかりでした。

「それにくらべて、㋔この森のけしきってさ、ぜんぜんわくわくしないよね。」

見なれたけしきをながめて、ルウはためいきをつきます。

海や雪山やさばくのことをルウに教えてくれた、森で一番のもの知りりすも、㋕それらがどこにあるのかまでは知りませんでした。ちっぽけなりすにはたどり着くことができない、遠い遠いばしょにあるのだろう、とも言っていました。

「それでもぼくは、いつかぜったい、しゃしんのけしきを見に行くんだ。」

㋖そのとき、クルル、とルウのおなかが鳴りました。そろそろお昼ごはんの時間です。ルウは、みがるに地上に下りて、お昼ごはんに食べる木のみをさがし始めました。

（令和六年度版　光村図書　国語　三上　わかば　如月《きさらぎ》　かずさ）

● 上の文章を読んで答えましょう。

(1) りすのルウは、さいきん、どんなことばかり言っていますか。（8）

（　　　　）

(2) ㋐ルウのしっぽをくすぐっていくのは、どんな風ですか。（8）

（　　　　）

(3) ㋑に入る言葉に○をつけましょう。（5）

（　）それで　（　）それなのに　（　）そのうえ

(4) ㋒ルウのたから物は何ですか。（8×3）

（　　　　）日にどこからか（　　　　）きた、たくさんの（　　　　）です。

(5) ㋓しゃしんにうつっていたものは何ですか。三つ書きましょう。（8×3）

（　　　　）（　　　　）（　　　　）

(6) ルウは、㋔この森のけしきのことをどのように言っていますか。（8）

（　　　　）

(7) ㋕それらとは、何のことですか。文中より三つさがして書きましょう。（5×3）

□　□□　□□□

(8) ㋖そのときとは、ルウが何と言ったときですか。（8）

（　　　　）

名前

春風をたどって (2)

しげみのむこうにあったのは、見わたすかぎりの花ばたけでした。そこにさく㋐花の色は、ルウが行きたいとねがっている、しゃしんの海にそっくりな青。

そのけしきのうつくしさに、ルウの口から、ほう、とためいきがこぼれました。

あ「すごいや。この森に、こんな花ばたけがあったんだね。」

ルウはノノンに言いました。㋑ところがノノンは、ルウの声が聞こえなかったかのように、うっとりと花ばたけに見とれています。

そんなノノンの様子をながめながら、㋒ルウは思いました。ぼく一人だったら、この花ばたけを見つけることはできなかっただろうな、と。

しばらくたったころに、ノノンがのんびり言いました。

い「すごいや。」

ルウは、そうくりかえしてにっこりすると、だまって花ばたけの方をむきました。さわやかな花のかおりにつつまれて、ゆったりと時がながれていきました。

う「そろそろお昼ごはんをさがしに行こうかなあ。ルウはどうする。」

そういえば、ぼくもごはんがまだだった、とルウは思い出しました。けれど、㋓気づいたら、ルウはこう答えていました。

え「ぼくは、もう少しここにいることにするよ。」

お「分かった。じゃあ、またね。」

か「うん。また話そう。」

ノノンを㋔見おくった後で、ルウは、また花ばたけをながめました。

やわらかな春風が、花たちとルウの毛を、さわさわとなでていきます。海色の花びらの上で、昼下がりの光が、きらきらかがやいています。ルウのしっぽは、いつのまにか、ゆらゆらとおどるようにゆれています。

花ばたけの空気をむねいっぱいにすいこんで、本物の海もこんないいにおいがするのかな、と㋕ルウはそうぞうしました。

（令和六年度版　光村図書　国語　三上　わかば　如月《きさらぎ》　かずさ）

名前

● 上の文章を読んで答えましょう。

(1) あ〜かはルウかノノンの、どちらが言ったことばですか。（5×6）

あ（　　）　い（　　）　う（　　）　え（　　）　お（　　）　か（　　）

(2) ㋐花の色は、何とそっくりな、何色ですか。（6×2）

（　　）にそっくりな（　　）色。

(3) ㋑ところがとありますが、このときノノンは、どんな様子でしたか。（6×3）

ルウの声が（　　）かのように、（　　）と花ばたけに（　　）。

(4) ㋒ルウは思いました。とありますが、ルウはどんなことを思いましたか。文中より書き出しましょう。（10）

（　　）

(5) ㋓気づいたら、ルウは何と答えていましたか。（10）

（　　）

(6) ノノンを㋔見おくった後で、ルウは何をしましたか。（10）

（　　）

(7) ㋕ルウはそうぞうしましたとありますが、どんなことをそうぞうしましたか。文中より書き出しましょう。（10）

（　　）

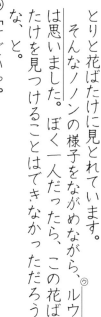

国語辞典《じてん》を使おう (1)

(1) 国語辞典で「広い」を調べました。

① 国語辞典の㋐～㋓の⟶のぶぶんに何が書かれているかを[　]からえらんで（　）に書きましょう。(5×4)

㋐（　　）
㋑（　　）
㋒（　　）
㋓（　　）

㋐ ひろい　㋑ 【広い】　㋒ ①はばや広《ひろ》さが大《おお》きい。例道《みち》が広い／広い海《うみ》。対狭《せま》い　②およぶ範囲《はんい》が大《おお》きい。例名前《なまえ》が広く知《し》れわたる。対狭《せま》い　③こせこせしないで、ゆったりしている。例心《こころ》が広い人《ひと》。㋓ 対狭《せま》い

言葉の意味　見出し語　言葉の使い方　漢字での書きあらわし方

② 次の文の「広い」「広く」は、国語辞典の㋔～㋖のどの意味でつかわれていますか。[　]からえらんで（　）に書きましょう。(5×3)

（　）けいたい電話は、広く使われている。

（　）あの人は、やさしくて広い心のもちぬしだ。

（　）友だちは、とても広い家にすんでいる。

㋔ はばや広さが大きい。
㋕ およぶ範囲《はんい》が大きい。
㋖ こせこせしないで、ゆったりしている。

名前

(2) 国語辞典には図のように「つめ」があります。次の言葉を調べるには、「あ」～「わ」の「つめ」のどこを開けばよいでしょうか。「あ」～「わ」の文字で答えましょう。(5×5)

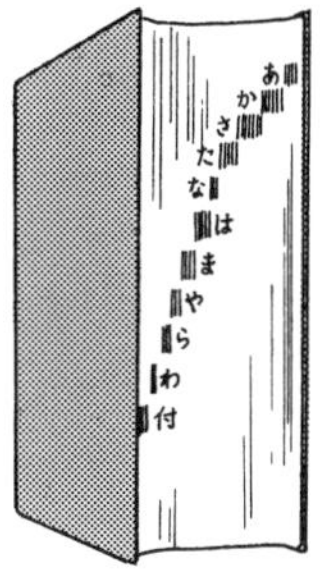

① にぎやか …（　）
② ふうりん …（　）
③ ますます …（　）
④ とんでもない …（　）
⑤ ぜんまい …（　）

(3) 国語辞典で見出し語が出てくるじゅんに、1、2…と（　）に番ごうを書きましょう。(5×6)

①（　）ぞう（　）くま

②（　）とびら（　）まど

③（　）うつす（　）ひらく（　）のぼる

④（　）まるい（　）せまい（　）ほそい

⑤（　）うれしい（　）うつくしい（　）うすぐらい

⑥（　）あかるい（　）あつい（　）あたたかい

(4) 国語辞典で見出し語が出てくるじゅんに、（　）に1から8の番ごうを書きましょう。(10)

（　）ふかい
（　）ながれる
（　）ふるい
（　）わける
（　）わらう
（　）あける
（　）なみだ
（　）しめる

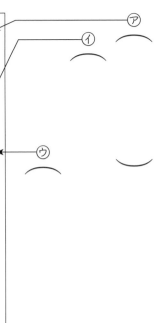

国語辞典《じてん》を使おう (2)

(1) 次のような音《おん》を何といいますか。□からえらび、（　）に記ごうを書きましょう。(4×3)

① は、ひ、ふ、へ、ほ…など　（　）

② ば、び、ぶ、べ、ぼ…など　（　）

③ ぱ、ぴ、ぷ、ぺ、ぽ…など　（　）

㋐半濁《だく》音　㋑清《せい》音　㋒濁音

(2) 国語辞典では、清音→濁音→半濁音の順《じゅん》にならんでいます。先に出てくる言葉の（　）に、○をつけましょう。(4×6)

① （　）ガラス　（　）からす

② （　）いと　（　）いど

③ （　）ざる　（　）さる

④ （　）おんぶ　（　）おんぷ

⑤ （　）かんばん　（　）かんぱん

⑥ （　）グラス　（　）クラス

(3) 国語辞典では、大きく書くかな（つ、や、ゆ、よ）→小さく書くかな（っ、ゃ、ゅ、ょ）の順でならんでいます。先に出てくる言葉の（　）に、○をつけましょう。(4×4)

① （　）びょういん　（　）びよういん

② （　）じゆう　（　）じゅう

③ （　）いしゃ　（　）いしや

④ （　）はつか　（　）はっか

名前

(4) 国語辞典では、「ボール」「ルール」のようなのばす音がある語は、「ぼおる」「るうる」のように、「あ」「い」「う」「え」「お」におきかえられて、ならんでいます。先に出てくる言葉の（　）に、○をつけましょう。(4×4)

① （　）ルール　（　）ルビー

② （　）ライオン　（　）ラーメン

③ （　）コーヒー　（　）こうてい

④ （　）かれき　（　）カレーパン

(5) ——線の言葉を、国語辞典の見出し語の形に直して（　）に書きましょう。(4×4)

① きょうは、日記を書いた。　（　）

② みんなでハイキングに行こう。　（　）

③ ケーキを食べてしあわせな気持ちになった。　（　）

④ 風が強くて、かさをさせない。　（　）

(6) ——線の言葉は、どんな漢字を使って書きますか。国語辞典で調べて（　）に書きましょう。(4×4)

①
㋐ もうすぐ、夜があける。　（　）
㋑ りょこうに出て、家を三日あける。　（　）

②
㋐ ひさしぶりに、親友にあう。　（　）
㋑ 計算の答えがあうと、気分がいい。　（　）

きせつの言葉１
春のくらし

名前

みどり

内田《うちだ》　麟《りん》太郎《たろう》

みどり　まみどり
こいみどり
はるの　のやまは
よりどりみどり
みどりの　ことり
みどりに　かくれ
さがせど　さがせど
こえばかり

（令和六年度版　光村図書　国語　三上　わかば　内田　麟太郎）

１　上の詩を読んで答えましょう。

(1)　この詩のだいめいを書きましょう。⑩

（　　　　）

(2)　「みどり」という言葉がたくさん出てきますが、「みどりに　かくれ」の「みどり」は何をさしていますか。あてはまるほうに、○をつけましょう。⑩

（　）葉のみどり　　（　）いねのみどり

(3)　「こえばかり」とありますが、何の声が聞こえるのですか。⑮

（　　　　）

(4)　なぜ、「こえばかり」聞こえるのですか。⑮

（　　　　）

２　次の問いに答えましょう。

(1)　□に「春」か「新」のかん字を書き入れて、つぎのやさいを春に食べられるやさいにしましょう。（5×3）

①　□じゃがいも　　②　□玉ねぎ

③　□キャベツ

(2)　春にかんけいのある言葉三つに、○をつけましょう。（5×3）

（　）いねかり　　（　）たねまき

（　）めばえ　　（　）おちば

（　）なえ　　（　）はつゆき

(3)　春らしい食べ物四つに、○をつけましょう。（5×4）

（　）よもぎ　　（　）すいか

（　）さつまいも　　（　）ふき

（　）たらのめ　　（　）かき

（　）くり　　（　）たけのこ

漢字の音《おん》と訓《くん》

(1) 次の文の（　）に、「音」か「訓」のうち、どちらかあてはまる言葉を書きましょう。（4×6）

漢字の読み方には、（　　）の読み方と、（　　）の読み方の、二通りがあります。（　　）には聞いただけでは意味の分かりにくいものが多く、（　　）には、聞いてすぐに意味の分かるものが多くあります。（　　）は中国で使われていた発音と同じ読み方で、（　　）は、日本で古くから使われていた読み方です。

(2) 次の漢字の読み方は、「音」か「訓」のどちらですか。〇をつけましょう。（2×8）

① 朝
- あさ（音　訓）
- ちょう（音　訓）

② 親
- しん（音　訓）
- おや（音　訓）

③ 虫
- むし（音　訓）
- ちゅう（音　訓）

④ 魚
- ぎょ（音　訓）
- さかな（音　訓）

(3) ——線の漢字の読みがなを、「音」のときはカタカナで、「訓」のときはひらがなで書きましょう。（5×12）

①
- ㋐ 明日は遠足だ。（　　）
- ㋑ 遠くの町へ行く。（　　）

②
- ㋐ 姉と話す。（　　）
- ㋑ えい語で会話する。（　　）

③
- ㋐ 読書の時間だ。（　　）
- ㋑ 教科書を読む。（　　）

④
- ㋐ きゅう食が楽しみだ。（　　）
- ㋑ 音楽のじゅぎょう。（　　）

⑤
- ㋐ 家の前の道。（　　）
- ㋑ 午前中に出かける。（　　）

⑥
- ㋐ 小さな池がある。（　　）
- ㋑ 弟は小学生だ。（　　）

名前

文様（全文読解《ぜんぶんどっかい》）

名前

教科書《きょうかしょ》

「文様」を読んで答えましょう。

● ①段落を読んで答えましょう。

(1) 文様の多くには、どんなねがいがこめられていますか。⑫

（　　　）というねがい。

(2) ①段落に書かれている問いの文を書き出しましょう。⑫

（　　　）

● ②段落を読んで答えましょう。

(3) ②段落で取り上げられている文様は、なんという文様の一つですか。書き出しましょう。⑫

□□□□

(4) (3)の文様は、どんなことをねがう文様ですか。答えの文を書き出しましょう。⑫

（　　　）

つるかめ

かりがね

あさの葉

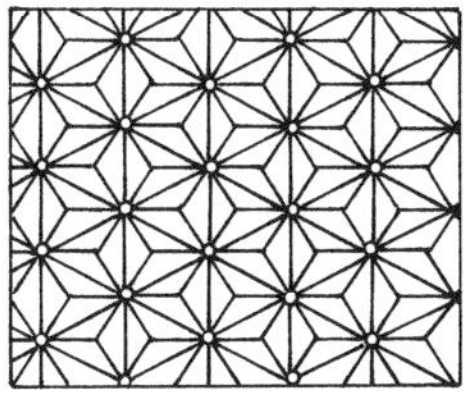

● ③段落を読んで答えましょう。

(5) ③段落で取り上げられている文様は、「かりがね」といいますが、これは、何の様子を表していますか。書き出しましょう。⑫

（　　　）

(6) 「かりがね」の文様は、どんなことをねがう文様ですか。⑫

（　　　）

● ④段落を読んで答えましょう。

(7) ④段落で取り上げられている文様は、「あさの葉」です。「あさ」のとくちょうを書きましょう。⑫

（　　　）

(8) 「あさの葉」の文様は、どんなことをねがう文様ですか。⑫

（　　　）

● ⑤段落を読んで答えましょう。

(9) 次の文の中から、⑤段落に書かれていることを一つえらび、（　）に○をつけましょう。④

（　）この文章全体の「問い」

（　）この文章全体の「問い」の「答え」

（　）この文章全体の「まとめ」

こまを楽しむ (1)

名前

こまを回して遊ぶことは、㋐昔から世界中で行われてきました。長い間、広く親しまれるうちに、こまには、さまざまなくふうがつみかさねられてきました。そうして、たくさんのこまが生み出されてきました。日本は、世界でいちばんこまのしゅるいが多い国だといわれています。(あ)では、どんなこまがあるのでしょう。また、どんな楽しみ方ができるのでしょう。

色がわりごまは、回っているときの色を楽しむこまです。こまの表面には、もようがえがかれています。ひねって回すと、もように使われている色がまざり合い、元の色とちがう色にかわるのが㋑とくちょうです。同じこまでも、回す速さによって、見える色がかわってきます。

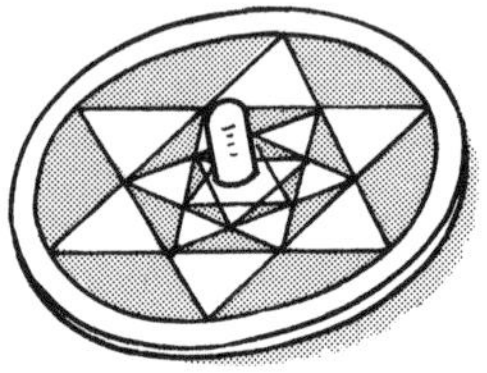

（令和六年度版　光村図書　国語　三上　わかば　安藤《あんどう》　正樹《まさき》）

● 上の文章を読んで答えましょう。

(1) ㋐昔から世界中で行われてきたことは何ですか。(14)

（　　　　　　）

(2) こまが、長い間、広く親しまれるうちに、どんなことがなされてきましたか。あてはまる文二つに、○をつけましょう。(8×2)

（　）さまざまなくふうが、つみかさねられた。

（　）だんだんと、こまで遊ぶ人がへっていった。

（　）たくさんのこまが生み出された。

(3) (あ)の文の中から「問い」にあたる文を二つ書き出しましょう。(14×2)

（　　　　　　）

（　　　　　　）

(4) 色がわりごまについて答えましょう。

① 何を楽しむこまですか。文中から九文字で書き出しましょう。(14)

② ㋑とくちょうを書きましょう。(14)

ひねって回すと、

（　　　　　　）

③ 同じこまでも、何によって見える色がかわりますか。(14)

（　　　　　　）

こまを楽しむ (2)

名前

　ずぐりは、雪の上で回して楽しむこまです。ふつうのこまは、心ぼうが細いので、雪の上で回すことはできません。いっぽう、ずぐりは、雪の上で回して遊ぶことができるように、心ぼうの先が太く、丸く作られています。まず、雪に小さなくぼみを作り、わらでできたなわを使って、㋐その中になげ入れて回します。雪がふってもこまを回したいという人々の思いから、ずぐりは長く親しまれてきました。

　このように、日本には、さまざまなしゅるいのこまがあります。それぞれ色も形もちがいますが、じくを中心にバランスを取りながら回るというつくりは㋑同じです。人々は、このつくりにくふうをくわえ、回る様子や回し方でさまざまな楽しみ方のできるこまをたくさん生み出してきたのです。

（令和六年度版　光村図書　国語　三上　わかば　安藤《あんどう》　正樹《まさき》）

● 上の文章を読んで答えましょう。

(1) 雪の上で回して楽しむこまの名前を書きましょう。 ⑫

(2) ふつうのこまを、雪の上で回すことができないわけを書きましょう。 ⑬

(3) ずぐりは、どのように作られていますか。 ⑬

(4) ずぐりの回し方を書きましょう。

① まず、何をしますか。 ⑫

② どんな なわを使って回しますか。 ⑫

③ ㋐その中に投げ入れて回します。とありますが、何の中になげ入れるのですか。 ⑫

(5) ずぐりが長く親しまれてきたのは、人々のどんな思いがあったからですか。 ⑬

(6) ㋑同じとありますが、どんなことが同じなのですか。 ⑬

気持ちをこめて、「来てください」手紙を送《おく》ろう

名前

[1] 次の手紙を読んで、答えましょう。

ア

みどりがきれいなきせつになりました。
谷川先生、お元気ですか。わたしは元気です。
こんど、わたしが通う小学校でひらかれる、うんどうかいについて、ごあんないします。

イ

日時　五月二十八日（土）
　　　午前九時から午後三時
場所　やまの小学校　運動場

わたしは、八十メートル走と花がさおどり、つな引きにでます。毎日、れんしゅうをして、おどりがうまくなりました。ぜひ、見に来てください。

ウ

五月十三日
谷川あおい先生
　　　　　　　　高野えみ

(1) この手紙を書いた人の名前を書きましょう。（10）

（　　　　）

(2) 何をつたえる手紙ですか。あてはまるもの一つに○をつけましょう。（8）

（　）おれいの手紙
（　）あんないの手紙
（　）おねがいの手紙

(3) はじめのあいさつは、ⓐⓘⓤのどこに書いてありますか。（8）

（　　　　）

(4) ⓘには、何が書いてありますか。あてはまるもの三つに、○をつけましょう。（8×3）

（　）手紙を書いた人の来てほしい気持ち
（　）手紙を書いた日
（　）行事ですること
（　）相手の名前
（　）行事の日時と場所

[2] 次のはがきの①〜⑤と、ふうとうの⑥〜⑩には、何を書きますか。□からえらんで（　）に書きましょう。※同じ言葉を二回使います。（5×10）

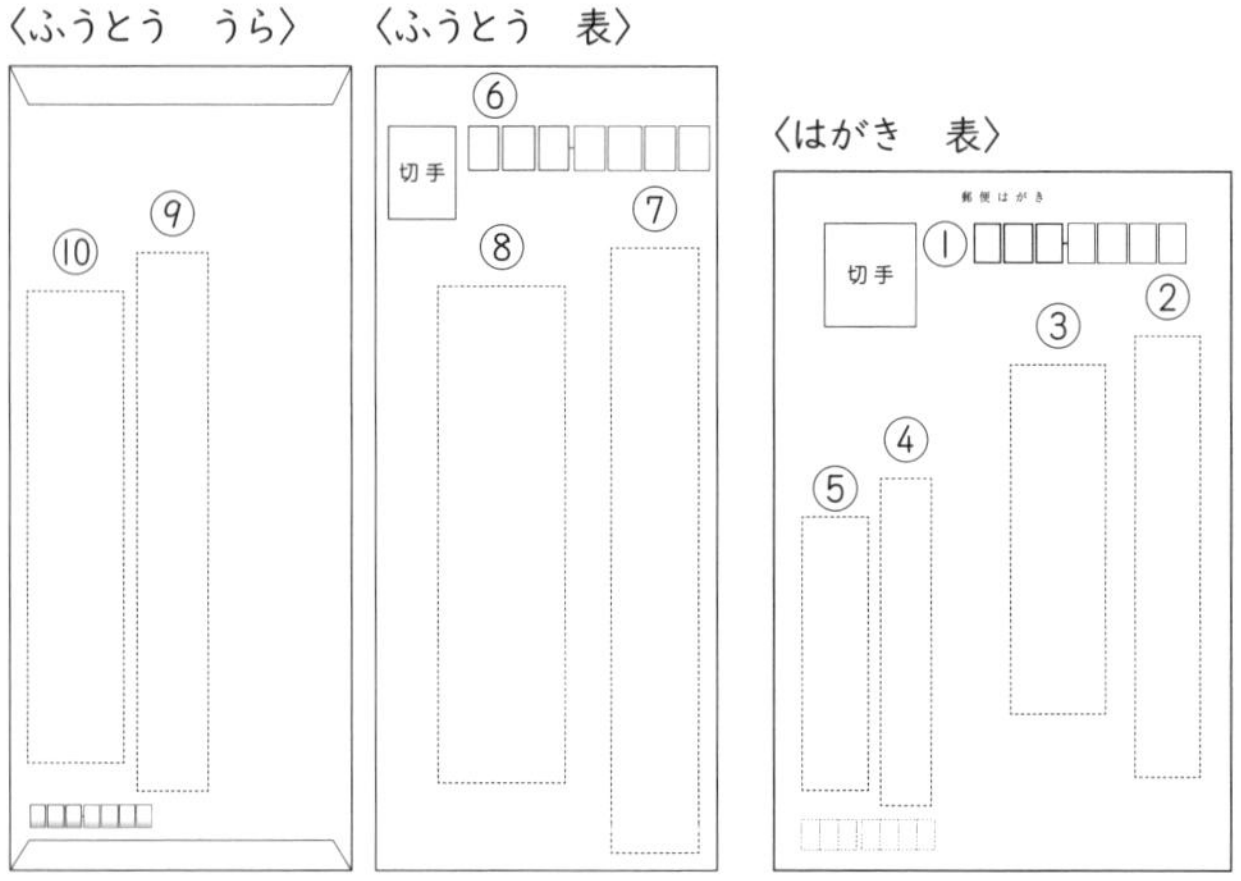

相手の住所	自分の住所
相手の名前	自分の名前
ゆうびん番号	

・はがき

①（　　　　）
②（　　　　）
③（　　　　）
④（　　　　）
⑤（　　　　）

・ふうとう

⑥（　　　　）
⑦（　　　　）
⑧（　　　　）
⑨（　　　　）
⑩（　　　　）

まいごのかぎ (1)

〔あらすじ〕

図工の時間、学校のまわりの絵をかきました。りいこは、おとうふみたいなこうしゃがさびしくて、かわいいうさぎをつけ足したら、友だちにわらわれてしまいました。りいこは、はずかしくなって、白い絵の具をぬってうさぎをけしました。うさぎにわるいことをしたと、うつむきながら歩いているとき、りいこは、かぎを拾いました。

落とした人がこまっているにちがいない。かぎを交番にとどけよう。

交番までは、もう少し。おうだん歩道をわたると しおのかおりがしてきます。道のわきに あみが立ててあり、魚の開きが一面にならべてありました。㋐りょうしさんがあじのひものを作っているのです。そばを通るとき、中の一ぴきに、円いあなが空いているのに㋑気がつきました。

「お魚に、かぎあななんて。」

㋒へんだと思いながら、見ればば見るほど、やはり、ただのあなではなさそうです。いつしかすいこまれるように、㋓かぎをさしこんでいました。

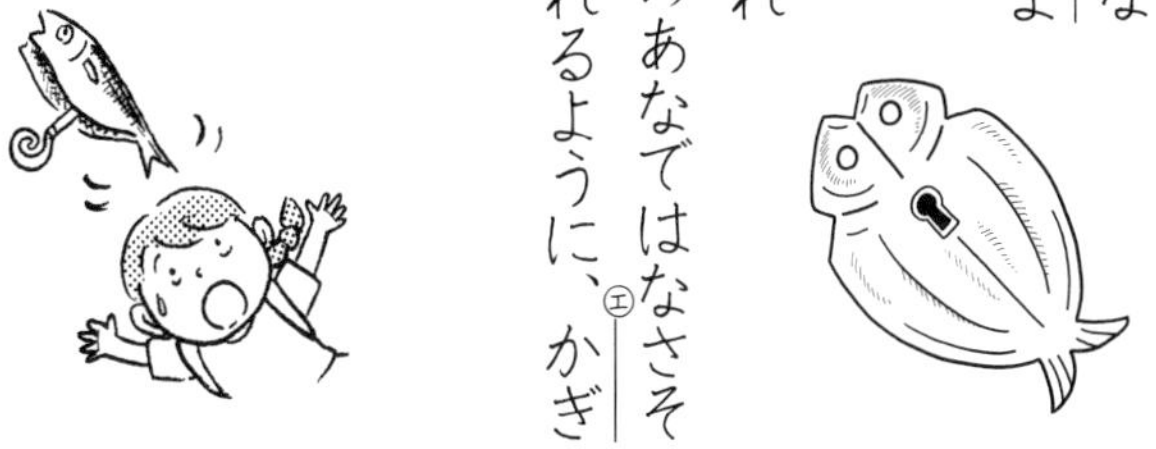

カチャッ。たちまち、あじの開きは、小さなかもめみたいに、羽ばたき始めます。あっけにとられているうちに、あじは、目の前でふわふわとうかび上がりました。

りいこは、あわててとびつき、㋔かぎを引きぬきました。開きは、元のあみの上に、ぽとりと落ちました。

「あぶない。海にかえっちゃうとこだった。」

わたし、やっぱりよけいなことばかりしてしまう。りいこは、㋕悲しくなりました。早く㋖交番にとどけよう。

（令和六年度版　光村図書　国語　三上　わかば　斉藤《さいとう》　倫《りん》）

名前

● 上の文章を読んで答えましょう。

(1) ㋐りょうしさんは、何を作っていますか。(15)

（　　）

(2) ㋑気がつきました とありますが、だれが何に気がつきましたか。(15×2)

・だれ（　　）

・何に（　　）

(3) ㋒へんだ と思ったりいこの言葉を、文中から書き出しましょう。(15)

（　　）

(4) りいこは、ひものあなに、㋓かぎをさしこんで、㋔かぎを引きぬきました。どんなことがおこりましたか。お話のじゅんになるように、（ ）に数字を書きましょう。(10)

（　）目の前でふわふわとうかびあがりました。

（　）羽ばたき始めます。

（　）元のあみの上に、ぽとりと落ちました。

(5) りいこは、㋕悲しくなりましたとありますが、なぜ悲しくなったのですか。そのことがわかる文を、文中から書き出しましょう。(15)

（　　）

(6) ㋖交番にとどけようとありますが。何を交番にとどけるのですか。(15)

（　　）

まいごのかぎ (2)

名前

海岸通りをいそぎ始めたとき、ふとバスていのかんばんが目に入りました。「バス」という字の「バ」の点が、なぜか三つあるのです。その一つが、かぎあなに見えました。

「どうしよう。」

㋐りいこはまよいました。よけいなことはやめよう。そう思ったばかりです。そのとき、点の一つが、ぱちっとまたたきました。

「これで、さいごだからね。」

いつしか りいこは、かんばんの前でせのびをしていました。カチンと音がして、かぎが回りました。ところが、㋑何もおこりません。

ほっとしたような、がっかりしたような気持ちで、バスの時こく表を見て、りいこは㋒「あっ。」と言いました。数字が、ありのように、ぞろぞろ動いているのです。五時九十二分とか、四十六時八百七分とか、㋓とんでもないとうちゃく時こくになっています。

「すごい。」

りいこは、目をかがやかせました。でも、すぐに、わくわくした自分がいやになりました。りいこは、かぎをぬきとりました。

「あれ。どうして。」

時こく表の数字は、元には、もどりませんでした。

りいこは㋔こわくなって、にげるようにかけだしました。交番のある方へすなはまを横切ろうと、石だんを下りかけると、国道のずっと向こうから、車の音が聞こえてきます。ふり向くと、㋕バスが十何台も、おだんごみたいにぎゅうぎゅうになって、やって来るのです。

「わたしが、時こく表をめちゃくちゃにしたせいだ。」

どうしよう。もう、交番にも行けない。おまわりさんにしかられる。りいこは、かぎをぎゅっとにぎりしめて、立ちすくんでしまいました。

（令和六年度版 光村図書 国語 三上 わかば 斉藤《さいとう》 倫《りん》）

● 上の文章を読んで答えましょう。

(1) 海岸通りをいそぎ始めたのは、だれですか。(10)

（　　　　）

(2) ㋐りいこはまよいました とありますが、何をまよったのですか。あてはまる方に○をつけましょう。(10)

（　）バスていのかんばんの「バ」の字の点の数が、二つか三つか。

（　）バスていのかんばんの「バ」の字の点のひとつに、かぎをさすかささないか。

(3) ㋑何もおこりません とありますが、このときのりいこの気持ちを、文中から書き出しましょう。(15)

（　　　　）気持ち。

(4) りいこが「㋒あっ。」と言ったのはなぜですか。(15)

（　　　　）

(5) ㋓とんでもないとうちゃく時こくを文中からさがして二つ書きましょう。(10×2)

（　　　　）

（　　　　）

(6) りいこが㋔こわくなって、にげるようにかけだしたのはなぜですか。(15)

（　　　　）

(7) ㋕バスが十何台もやって来るのは、何のせいだと、りいこは思っていますか。そのことがわかる文を、文中から書き出しましょう。(15)

（　　　　）

まいごのかぎ (3)

㋐きみょうなことは、さらにおこりました。

つながってきたバスが、りいこの前で止まり、クラクションを、ファ、ファ、ファーン、と、がっそうするように鳴らしたのです。そして、リズムに合わせて、くるくると、向きや順《じゅん》番をかえ始めました。りいこは、目をぱちぱちしながら、そのダンスに見とれていました。

「なんだか、とても楽しそう。」

そして、㋑はっと気づいたのです。もしかしたら、あのさくらの木も、楽しかったのかもしれない。どんぐりの　みをつけたのは、きっと春がすぎても、みんなと遊びたかったからなんだ。ベンチも、たまには公園でねころびたいだろうし、あじだって、いちどは青い空をとびたかったんだ。

㋒「みんなも、すきに走ってみたかったんだね。」

しばらくして、バスはまんぞくしたかのように、一台一台といつもの路線に帰っていきました。そのとき、一つのまどの中に、りいこは㋓たしかに見たのです。図工の時間にけしてしまった、あのうさぎが、うれしそうにこちらに手をふっているのを。

りいこもうれしくなって、大きく手をふりかえしました。にぎっていたはずのかぎは、㋔いつのまにか、かげも形もなくなっていました。りいこは、夕日にそまりだした空の中で、いつまでも、㋕その手をふりつづけていました。

（令和六年度版　光村図書　国語　三上　わかば　斉藤《さいとう》　倫《りん》）

名前

● 上の文章を読んで答えましょう。

(1) ㋐きみょうなことは、さらにおこりました。とありますが、どんなことがおこりましたか。二つに○をつけましょう。（10×2）

（　）バスがリズムに合わせて、くるくると、向きや順番をかえ始めたこと。

（　）つながってきたバスが、クラクションを鳴らして、りいこの前を通りすぎたこと。

（　）つながってきたバスが、りいこの前で止まり、クラクションをがっそうするように鳴らしたこと。

(2) りいこが、㋑はっと気づいたのは、どんなことですか。（　）に書きましょう。（10×3）

・さくらの木　春がすぎても、（　　）こと。

・ベンチ（　　）こと。

・あじ（　　）こと。

(3) ㋒みんなとは、何のことですか。また、みんなは何をしてみたかったんだと、りいこは思いましたか。（10×2）

・みんな（　　）

・してみたかったこと（　　）

(4) りいこは、何を㋓たしかに見たのですか。（10）

（　　）

(5) かぎは、㋔いつのまにか、どうなっていましたか。（10）

（　　）

(6) りいこは、㋕その手をだれにふりつづけていましたか。（10）

（　　）

俳句《はいく》を楽しもう

Ⓐ 山路《じ》来て何やらゆかしすみれ草《ぐさ》　松尾《まつお》　芭蕉《ばしょう》

山道を歩いてきたら、ふと見つけた道ばたのすみれ草に、なんとなく心が引かれるよ。

Ⓘ 閑《しず》かさや岩にしみ入る蝉《せみ》の声　松尾　芭蕉

なんてしずかなんだろう。その中で、せみの声だけが、まるで岩の中にしみていくように聞こえている。

Ⓤ 菜《な》の花や月は東に日は西に　与謝《よさ》　蕪村《ぶそん》

見わたすかぎりの菜の花ばたけ。月は東の空からのぼり始め、太陽は西にしずんでいく。

Ⓔ 夏山や一足づ（ず）つに海見ゆる　小林《こばやし》　一茶《いっさ》

山を登り、ちょうじょうが近づいてきた。一歩進むごとに、明るい夏の海が見えてくる。

Ⓞ 雪とけて村いつぱい（いっぱい）の子どもかな　小林　一茶

（令和六年度版　光村図書　国語　三上　わかば「俳句《はい く》を楽しもう」による）

名前

● 上の俳句《はいく》や文章を読んで答えましょう。

(1) （　）にあてはまる言葉を［　］からえらんで書きましょう。（5×4）

俳句は（　　）の（　　）で作られた（　　）です。ふつうは（　　）というきせつを表す言葉が入っています。

［十七音　五・七・五　短い詩　季語《き ご》］

(2) Ⓐ～Ⓞの俳句を、／線で区切りましょう。五・七・五の音で、調子よく読めるように、（8×5）

Ⓐ 山路来て何やらゆかしすみれ草

Ⓘ 閑かさや岩にしみいる蝉の声

Ⓤ 菜の花や月は東に日は西に

Ⓔ 夏山や一足づつに海見ゆる

Ⓞ 雪とけて村いっぱいの子どもかな

(3) Ⓐ～Ⓔの俳句の季語ときせつをまとめました。（　）にあてはまる言葉を書きましょう。（5×5）

	季語	きせつ
Ⓐ	（すみれ草）	（　）
Ⓘ	（蝉の声）	（　）
Ⓤ	（　）	（春）
Ⓔ	（　）	（　）

(4) 次の文は、Ⓞの俳句をせつ明した文です。（　）にあてはまる言葉を［　］からえらんで書きましょう。（5×3）

（　　）になったので、（　　）がとけて、（　　）がいっせいに外に出てきて、村中にあふれかえっているよ。

［子どもたち　雪　春］

こそあど言葉を使いこなそう (1)

名前

(1) 絵を見て（　）にあてはまる言葉を[　]からえらんで書きましょう。（5×4）

① あなたが持っている（　　　）ペンを、かしてください。

② 今使っている（　　　）ペンは、とても書きやすい。

③ 向こうのつくえの上にある（　　　）ペンは、だれのかな。

④ （　　　）ペンを、使おうか、なやんだ。

[この　その　あの　どの]

(2) 〔　〕の中の正しいほうの言葉を、○でかこみましょう。（5×5）

① 「これ」「この」は、自分からも相手からも〔近い　遠い〕ときに使う言葉です。

② 「それ」「その」は、自分からは〔近く　遠く〕、相手からは〔近い　遠い〕ときに使う言葉です。

③ 「あれ」「あの」は、自分からも相手からも〔近い　遠い〕ときに使う言葉です。

④ 「どれ」「どの」は、指し示すものが〔はっきりしている　はっきりしていない〕ときに使う言葉です。

（または、たずねるときにも使います。）

(3) 次の表は「こそあど」言葉の使い分けをまとめたものです。（　）にあてはまる言葉を[　]からえらんで書きましょう。（5×11）

	こ 話し手に近い場合	そ 相手に近い場合	あ どちらからも遠い場合	ど はっきりしない場合
物事	①（　　） これ	②（　　） その	③（　　） あれ	どの どれ
場所	ここ	④（　　）	あそこ	⑤（　　）
方向	⑥（　　） こちら	そちら そっち	⑦（　　） あっち	⑧（　　） どちら
様子	⑨（　　） こう	⑩（　　） そう	あんな ああ	⑪（　　） どう

[こんな　こっち　この　そこ　あちら　それ　どんな　そんな　どっち　どこ　あの]

こそあど言葉を使いこなそう (2)

名前

(1) 次の文にあてはまるこそあど言葉を［　］からえらんで（　）に書きましょう。（5×5）

① あなたのかばんは（　　）ですか。

② （　　）にふじ山が見えます。

③ 一階か二階、（　　）に行けばいいですか。

④ （　　）テーブルで、いっしょに食べましょう。

⑤ （　　）えんぴつをかしてください。

［ その　この　どれ　あちら　どちら ］

(2) 次の②文の——線の部分を、こそあど言葉を使ってみじかくし、全文を（　）に書き直しましょう。（10×2）

① たんじょう日に、スカートを買ってもらった。
あした、わたしは、たんじょう日に買ってもらったスカートをはいて、母とえいがをみに行く。

（　　）

② あのつくえの上におかきがあります。
あのつくえの上のおかきは、姉のおやつです。

（　　）

(3) 次の文のこそあど言葉で、正しい方に○をつけましょう。（5×3）

① りんごとみかん（どっち／あっち）を食べたいですか。

② 川は（そう／どう）やってわたればいいのだろう。

③ （どこに／あそこに）きれいな星が見えます。

(4) 次の文のこそあど言葉に——線を引き、それが指す言葉を（　）に書きましょう。（4×10）

① これは、わたしが作ったケーキです。

（　　）

② 公園に行きました。そこで、友だちと遊びました。

（　　）

③ お父さんが、おべんとうを作ってくれた。それをもって、遠足に行った。

（　　）

④ むこうに高いビルが見える。あそこで父は、はたらいている。

（　　）

⑤ すてきなマフラーですね。わたしも、そんなマフラーがほしいです。

（　　）

仕事のくふう、見つけたよ

● 次の土川さんがほうこくする文章を読んで答えましょう。

名前

スーパーマーケットの商品のならべ方のくふう

土川　りえ

1. 調べたきっかけや理由

わたしは、家の人に買い物をたのまれて、よくスーパーマーケットに行きます。いつも、どのように商品をならべるのかが気になっていました。そこで、商品のならべ方のくふうについて、調べることにしました。

2. 調べ方

本を読んでスーパーマーケットについて調べてから、ひかりスーパーの見学をしました。また、店長の木村さんに話をうかがいました。

3. 調べて分かったこと

(1)せんでんした商品のおき方

「スーパーマーケットの仕事」という本に、「商品は、ちらしでせんでんする」と書いてあったので、まず、そのことについて木村さんに話をうかがいました。

ひかりスーパーでは、ちらしでせんでんした商品の前に、「おすすめ品」と書いたふだを立てて売っているそうです。木村さんは、「おすすめ品は、お客様がよく通る場所に、できるだけ広くおくようにして目立たせます。」とおっしゃっていました。

4. まとめ

スーパーマーケットで何気なく見ていたたなにも、一つ一つくふうがあることを知りました。とくに、おすすめ品を目立たせるために、商品をおく場所や広さを考えていることに、おどろきました。こんど、スーパーマーケットに行くときは、お店の人のくふうをさがしながら買い物をしたいと思います。

〈使った本〉今野春道「スーパーマーケットの仕事」〇〇図書、2024年、58ページ

（令和六年度版　光村図書　国語　三上　わかば「仕事のくふう、見つけたよ」による）

1 「調べたきっかけや理由」について答えましょう。

● 土川さんが、スーパーマーケットで気になっていたことは何ですか。 (15)

（　　　　　）

2 「調べ方」について答えましょう。

● どんなことが書かれていますか。正しい方に○をつけましょう。 (14)

（　）ひかりスーパーの見学はせず、店長の木村さんに話をうかがった。

（　）まず、本を読んでスーパーマーケットについて調べた。

3 「調べて分かったこと」について答えましょう。

① ひかりスーパーでは、ちらしでせんでんした商品の前に、何と書いたふだを立てていますか。 (15)

（　　　　　）

② おすすめ品をおく「くふう」について、あてはまる言葉を□からえらんで（　）に書きましょう。 (14×3)

お客様が（　　　）場所に、

できるだけ（　　　）おくように

して（　　　）ます。

広く　目立たせ　よく通る

4 「まとめ」について答えましょう。

● どんなことが書かれていますか。一つに○をつけましょう。 (14)

（　）木村さんが全体を通して思ったこと。

（　）スーパーマーケットを調べた理由。

（　）土川さんが全体を通して思ったこと。

きせつの言葉2
夏のくらし

名前

はなび

鶴見《つるみ》　正夫《まさお》

ひの　はな
さけ　さけ
なつの　よるの　にわに

さいて　ちって
ちって　きえて
きえても　まだ　のこる

とじた　めの　なかに
ふしぎな　ひの　はな
いま　さいた　はなび

（令和六年度版　光村図書　国語　三上　わかば　鶴見　正夫）

1　上の詩を読んで答えましょう。

(1)　この詩のだい名を、かん字で書きましょう。(10)

（　　　　）

(2)　「ひの　はな」を、かん字二字とひらがな一字で書きましょう。(10)

（　　　　）

(3)　「さいて　ちって　ちって　きえて」とありますが、「ひの　はな」のどんな様子をあらわしていますか。あてはまるほうに、○をつけましょう。(10)

（　）花火がひらいて、どんどん広がりつづける様子。

（　）花火がさいて広がってそして、きえていくようす。

(4)　「きえても　まだ　のこる」について答えましょう。(10×2)

①　何が「きえても　まだ　のこる」のですか。

（　　　　）

②　どこにのこるのですか。

（　　　　）

2　次の問いに答えましょう。

(1)　あつい夏をのり切るためのくふう五つに、○をつけましょう。(5×5)

（　）のれん　（　）ふうりん
（　）あみ戸　（　）水うち
（　）こたつ　（　）せんぷうき
（　）すだれ　（　）花見

(2)　夏らしい食べ物五つに、○をつけましょう。(5×5)

（　）そうめん　（　）くり
（　）さくらもち　（　）かき氷
（　）ところてん　（　）白玉
（　）水ようかん　（　）おせち

鳥になったきょうりゅうの話 (1)

名前

あなたは、きょうりゅうの化石を見たことがありますか。

はくぶつ館などにあるきょうりゅうのほねの化石を見ると、わたしたちは、その大きさに㋐びっくりさせられます。こんなに大きな生き物たちが、㋑本当にいたのです。

きょうりゅうがすんでいたのは、ずうっとずうっと大昔のことです。㋒そのころの地球はとてもあたたかくて、きょうりゅうたちにとってはくらしやすい所だったのです。

きょうりゅうには、植物を食べるものや、ほかのきょうりゅうをおそって食べる肉食のものなど、いろいろなしゅるいがいました。見た目もさまざまで、体がかたいうろこにおおわれているものもいれば、ふさふさとした羽《う》毛が生えているもの、㋓そのりょうほうをもつものもいました。

（令和六年度版　光村図書　国語　三上　わかば　大島《おおしま》　英太郎《えいたろう》）

● 上の文章を読んで答えましょう。

(1) つぎの文は、化石をせつめいした文です。あてはまる方に、〇をつけましょう。(10)

（　）石で作ったきょうりゅうのもけい。

（　）大昔の生き物が地中にうずもれて、石のようにかたくなったもの。

(2) わたしたちは、何に㋐びっくりさせられるのですか。(15)

（　　　）

(3) きょうりゅうのような大きな生き物たちが、㋑本当にいたということは、なぜわかるのですか。(15)

（　　　）

(4) ㋒そのころについて答えましょう。

① そのころとは、いつのことですか。(10)

（　　　）

② そのころの、地球の様子を書きましょう。(10)

（　　　）

(5) 大昔には、どんなものを食べるきょうりゅうがいましたか。二つ書きましょう。(10×2)

（　　　）

（　　　）

(6) ㋓そのりょうほうとありますが、何と何のことですか。二つ書きましょう。(10×2)

（　　　）

（　　　）

鳥になったきょうりゅうの話 (2)

名前

ところで、きょうりゅうは、みな大きかったわけではありません。なかには、ねこや犬ぐらいの大きさのきょうりゅうもいて、すばやく走り回りながら、とかげやねずみに にた動物などをつかまえて食べていました。これらの小さなきょうりゅうたちにも、羽毛が生えているものがいました。

やがて㋐それらの中に、木の上でくらすものがあらわれました。木の上なら、地面の上とちがって てきにおそわれることも少ないし、えさとなる虫なども たくさんいたからです。

㋑これらのきょうりゅうは、体がかるかったので、手あしをバタバタと動かして木に登ることができました。

㋒木の上で生活を始めたきょうりゅうたちの㋓しそんは、とても長い年月《としつき》がたつうちに、木から木へととびうつってくらすようになりました。

（令和六年度版 光村図書 国語 三上 わかば 大島《おおしま》 英太郎《えいたろう》）

● 上の文章を読んで答えましょう。

(1) ねこや犬ぐらいの大きさのきょうりゅうは、どのように、何をつかまえて食べていましたか。 ⑮

（　　　　）をつかまえて食べていました。

(2) ㋐それらとは、何をさしていますか。 ⑮

（　　　　）

(3) 地面の上とくらべて、木の上でくらすとよいところを、二つ書きましょう。 (12×2)

（　　　　）

（　　　　）

(4) ㋑これらのきょうりゅうについて答えましょう。 (12×2)

① 何をすることができましたか。

（　　　　）

② なぜ①をすることができましたか。

（　　　　）

(5) ㋒木の上で生活を始めたきょうりゅうたちのしそんは、どのようにくらすようになりましたか。 ⑫

（　　　　）

(6) ㋓しそんの意味に、あてはまる方に○をつけましょう。 ⑩

（　）親のこと。

（　）子やまご。後に生まれたもの。

鳥になったきょうりゅうの話 (3)

　そして、それらのしそんの中には、手あしに生えている羽《う》毛が長くのびて、つばさの形になったものがあらわれたのです。

　やがて、㋐空をとべるようになったきょうりゅうたちは、食べ物をもとめて遠くまでとんでいくようになりました。

　㋑そのころの地球では、地上を歩く大きなきょうりゅうと、つばさのある小さなきょうりゅうとが、いっしょにえさをとるすがたが見られたことでしょう。

　ところが、今から六千六百万年ほど前のこと、地球の様子が大きくかわり、大きなきょうりゅうのなかまはほとんど㋒死にたえてしまいます。けれども、つばさをもち、とぶことのできる小さなきょうりゅうのしそんだけは、生きのこりました。そして、これらのきょうりゅうは、㋓今でもすがたをかえて生きているのです。

　それが鳥なのです。鳥は、生きのこったきょうりゅうだったのです。

（令和六年度版　光村図書　国語　三上　わかば　大島《おおしま》　英太郎《えいたろう》）

名前

● 上の文章を読んで答えましょう。

(1) 何が、どうなって、どんな形になったから、㋐空をとべるようになったのですか。(8×3)

（　　　）が（　　　）て、（　　　）の形になったから。

(2) ㋑そのころについて答えましょう。(8×2)

① 地球では、どんなきょうりゅうが見られましたか。二つ書きましょう。

・地上を歩く（　　　）

・つばさのある（　　　）

② ①の二つのきょうりゅうの、どんなすがたが見られたと思われますか。(10)

（　　　）すがた。

(3) ㋒死にたえてしまいます。について答えましょう。(10×3)

① いつごろのことですか。

今から（　　　）のこと。

② 何がほとんど死にたえてしまったのですか。

（　　　）

③ なぜ、死にたえてしまったのですか。

（　　　）

(4) 生きのこったのはどんなきょうりゅうのしそんですか。(10)

（　　　）

(5) ㋓今でもすがたをかえて生きているのは、何ですか。(10)

（　　　）

鳥になったきょうりゅうの話 (4)

鳥ときょうりゅうとでは、ずいぶんちがっているように見えますね。でも、ほねやあしのつき方など体のつくりをよく調べてみると、とてもにているのです。

大きさはどうでしょう。ほとんどの鳥は、きょうりゅうよりずっと小さな体をしています。なぜ、鳥たちは、このように小さくなったのでしょう。

それは、空をとぶには、小さくてかるい体のほうが都合がいいからです。また、小さければ食べ物も少なくてすみます。小さくなった鳥は、花のみつや草のたねなど、ほんの少しのえさを食べて生きていけるようになったのです。

ところで、鳥の中には、とてもうつくしい羽《う》毛をもつものもいます。昔のきょうりゅうがどんな色をしていたのかは、長い間、そうぞうするしかありませんでした。しかし、手がかりがのこった羽毛の化石が見つかり、少しずつきょうりゅうの色が分かってきています。もしかしたら、おしどりのように色あざやかなきょうりゅうもいたかもしれませんね。

昔々　大昔の地球を歩き回っていたティラノサウルスやブラキオサウルスなどの大きなきょうりゅうたちは、もういません。けれどもそのかわり、鳥という小さなきょうりゅうのなかまは、今も元気にこの地球で生きているのです。

（令和六年度版　光村図書　国語　三上　わかば　大島《おおしま》　英太郎《えいたろう》）

名前

● 上の文章を読んで答えましょう。

(1) 鳥ときょうりゅうの、にているところはどこですか。文中から言葉をさがして、（　）に書きましょう。（6×3）

（　　）や（　　）など（　　）。

(2) なぜ鳥たちは小さな体になったのですか。そのわけを二つ書きましょう。（14×2）

（　　）

（　　）

(3) 小さくなった鳥は、何を食べて生きていけるようになりましたか。（6×4）

（　　）や（　　）など、ほんの（　　）の（　　）。

(4) 上の文章に、あてはまるものには○を、あてはまらないものには×を、（　）に書きましょう。（5×6）

（　）鳥ときょうりゅうは、見た目も、体のつくりも、まったくちがう。

（　）ほとんどの鳥は、きょうりゅうよりずっと小さな体をしている。

（　）小さな体になった鳥は、ほんの少しのえさを食べて生きていけるようになった。

（　）ほとんどすべての鳥は、とても美しい羽毛をもっている。

（　）手がかりがのこった羽毛の化石が見つかり、少しずつきょうりゅうの色が分かってきている。

（　）ティラノサウルスやブラキオサウルスなどの大きなきょうりゅうたちは、大昔、空をとびまわっていた。

わたしと小鳥とすずと

名前

わたしと小鳥とすずと

金子《かねこ》　みすゞ《（ず）》

わたしが両手をひろげても、
お空はちっともとべないが、
とべる小鳥はわたしのように、
地面《じべた》をはやくは走れない。

わたしがからだをゆすっても、
きれいな音はでないけど、
あの鳴るすずはわたしのように
たくさんなうたは知らないよ。

すずと、小鳥と、それからわたし、
みんなちがって、みんないい。

（令和六年度版　光村図書　国語　三上　わかば　金子　みすゞ）

● 上の詩を読んで答えましょう。

(1) 第一連《れん》に書いてある、わたしと小鳥、それぞれのできることを書きましょう。（15×2）

・わたし（　　　　）

・小鳥（　　　　）

(2) 第二連に書いてある、わたしとすず、それぞれのできることを書きましょう。（15×2）

・わたし（　　　　）

・すず（　　　　）

(3) 第三連の中で、作者の思いが書かれている一文を書き出しましょう。（20）

(4) (3)で書いた言葉は、どんなことを言っていると思いますか。思ったことを書きましょう。（20）

（　　　　）

夕日がせなかをおしてくる

名前

夕日がせなかをおしてくる

阪田《さかた》　寛夫《ひろお》

夕日がせなかをおしてくる
まっかなうででおしてくる
歩くぼくらのうしろから
でっかい声でよびかける

（あ）
さよなら　さよなら
さよなら　きみたち
ばんごはんがまってるぞ
あしたの朝ねすごすな

夕日がせなかをおしてくる
そんなにおすなあわてるな
ぐるりふりむき太陽に
ぼくらも負けずどなるんだ

（い）
さよなら　さよなら
さよなら　太陽
ばんごはんがまってるぞ
あしたの朝ねすごすな

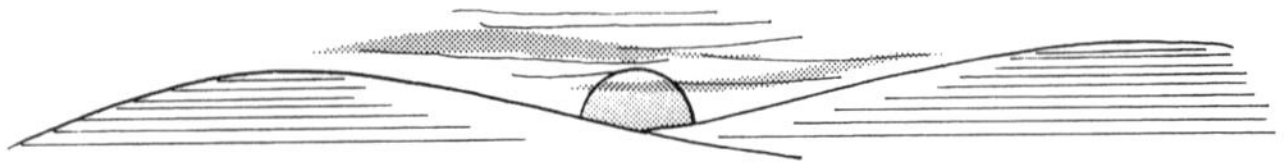

（令和六年度版　光村図書　国語　三上　わかば　阪田　寛夫）

● 上の詩を読んで答えましょう。

(1) いつごろのことを書いた詩ですか。一つに○をつけましょう。（12）

（　）早朝　（　）昼

（　）夕方　（　）夜

(2) 「夕日がせなかをおしてくる」は、どんな様子をあらわしていますか。あてはまる方に、○をつけましょう。（12）

（　）夕日を見ながら、夕日のある方へ歩いている様子。

（　）夕日とははんたいのほうへ歩いていて、夕日がうしろから当たっている様子。

(3) 第一連《れん》の（あ）の四行は、だれが、だれに言っていますか。（16×2）

（　　　）が（　　　）に言っている。

(4) 第二連の（い）の四行は、だれが、だれに言っていますか。（16×2）

（　　　）が（　　　）に言っている。

(5) この詩の（あ）と（い）の部分を音読するとき、どのように読むといいですか。一つに○をつけましょう。（12）

（　）小さな声で、やさしく読む。

（　）ひくい声で、おそろしそうに読む。

（　）高い声で、かわいく読む。

（　）大きな声で、元気に読む。

ポスターを読もう

名前

(1) 次の二まいのポスターをくらべてみましょう。

あ

みんなで楽しく♪
お月見会
9月17日(火)
18時～20時
会場：○○公園
もよおし：ショー・ゲーム
出店 ほか
18時 ビンゴゲーム
(はずれなし！)
19時 和だいこ・ふえ
の えんそう
MAP
○○公園
お問い合わせ：○○市役所観光課 電話：○○○(○○○)○○○○

い

中秋の名月
お月見会
MAP
○○公園
9月17日(火)
18時～20時
会場：○○公園
もよおし：ショー・ゲーム
出店 ほか
お問い合わせ：○○市役所観光課 電話：○○○(○○○)○○○○

① あといのポスターを見て、次のことを整理しましょう。□から一つずつえらび（　）に記号で書きましょう。(10×2)

・どちらにもあること。（　　）

・どちらかだけにあること。（　　）

ア 日づけ・時間・会場
イ もよおしのくわしいないよう

② あなたは、あといどちらのポスターの方が、お月見会に行きたくなりますか。□に記号を書きましょう。（　）にその理由を書きましょう。(10×2)

□

（　　　　　　　　　　）

(2) 次の文書は、ポスターについて、せつめいしたものです。（　）にあてはまる言葉を□からえらんで書きましょう。(10×6)

ポスターは、（　　　）のあんない、商品の（　　　）、マナーの（　　　）など、知らせたいことを（　　　）の紙にまとめたものです。

言葉と、（　　　）や絵などを組み合わせて、人を引きつけるくふうがされています。

相手を引きつけるようにくふうされた、みじかい言葉のことを（　　　）といいます。

キャッチコピー　行事　一まい　せんでん　よびかけ　しゃしん

漢字の組み立て (1)

名前

(1) 次の文は、「へん」か「つくり」の、どちらをせつ明していますか。あてはまるほうを（　）に書きましょう。(8×2)

① 漢字の右がわの部分。おおまかな意味を表すこともある。
（　　　　）

② 漢字の左がわの部分。おおまかな意味を表す。
（　　　　）

(2) 次の「へん」の名前を□からえらび（　）に書きましょう。また、その部分をもつ漢字は、どんな事がらに関係がありますか。——線でむすびましょう。(4×8)

① 言 （ごんべん） 調・話・詩 ・　　・人や人間

② 亻 （　　　　） 体・作・休 ・　　・木や植物

③ 木 （　　　　） 植・板・横 ・　　・水

④ 氵 （　　　　） 泳・港・深 ・　　・ことばや話すこと

ごんべん　さんずい　きへん　にんべん

(3) 次の「へん」に合う部分を□からえらんで、□に書き、漢字を作りましょう。(4×4)

① 言□　② 金□

③ 氵□　④ 木□

直　永　失　吾

(4) 次の「つくり」に合う部分を□からえらんで、□に書き、漢字を作りましょう。(4×4)

① □力　② □頁

③ □刀　④ □斤

彦　七　重　亲

(5) 次のカードを二まいで一組にして、漢字を作りましょう。（同じカードは使えません）(4×5)

也　豆　且　言　羕　木　己　頁　糸　氵

□　□　□

□　□

漢字の組み立て (2)

名前

(1) 次のしゃ線の部分も、おおまかな意味を表します。それぞれ何といいますか。[　]からえらんで、（　）に書きましょう。（4×5）

① 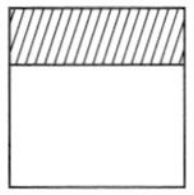 （　　）

②  （　　）

③ 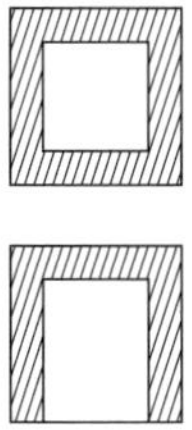 （　　）

④  （　　）

⑤ 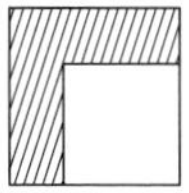 （　　）

あし　かんむり　たれ　にょう　かまえ

(2) ①～⑤の漢字には、同じ部分が使われています。その部分のよびかたを[　]からえらんで（　）に書きましょう。その部分は何に関係がありますか。下からえらんで、——線でむすびましょう。（4×10）

① 雪　雲 → （　　）・　　・貝

② 筆　笛 → （　　）・　　・雨

③ 花　薬 → （　　）・　　・竹

④ 感　悪 → （　　）・　　・草や花

⑤ 買　負 → （　　）・　　・心

くさかんむり　こころ　たけかんむり　かい（こがい）　あめかんむり

(3) ①～④の漢字の部分のよびかたを[　]からえらんで（　）に書きましょう。（4×4）

① 開　間 → （　　）

② 通　近 → （　　）

③ 国　園 → （　　）

④ 店　庫 → （　　）

まだれ　しんにょう　もんがまえ　くにがまえ

(4) 次の部分を持つ漢字を[　]からえらんで（　）に書きましょう。（4×6）

① くさかんむり （　　）

② こころ （　　）

③ しんにょう （　　）

④ くにがまえ （　　）

⑤ あめかんむり （　　）

⑥ もんがまえ （　　）

電　草　聞　遠　図　意

ローマ字 (1)

ローマ字で書いてみましょう。

名前

(1) 次のローマ字の読み方をひらがなで書きましょう。 (5 × 12)

① tanuki ( )

② kitune ( )

③ nezumi ( )

④ mikan ( )

⑤ ringo ( )

⑥ suika ( )

⑦ tyawan ( )

⑧ kingyo ( )

⑨ syukudai ( )

⑩ densya ( )

⑪ tyokin ( )

⑫ omotya ( )

(2) 次の言葉をローマ字で書きましょう。 (5 × 8)

① うま

② きりん

③ いぬ

④ ねこ

⑤ くじゃく

⑥ しゃしん

⑦ かぼちゃ

⑧ はくしゅ

ローマ字 (2)

ローマ字で書いてみましょう。

名前

(1) 次のローマ字の読み方をひらがなで書きましょう。 (5 × 12)

① okâsan
( )

② obâsan
( )

③ onêsan
( )

④ dôro
( )

⑤ gyûnyû
( )

⑥ senpûki
( )

⑦ rappa
( )

⑧ happyô
( )

⑨ gassyô
( )

⑩ sippo
( )

⑪ kitte
( )

⑫ matto
( )

(2) 次の言葉をローマ字で書きましょう。 (5 × 8)

① おとうさん

② おとうと

③ ぼうし

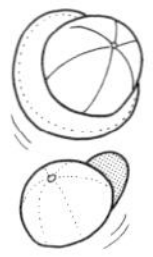

④ ろうそく

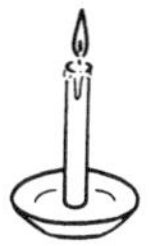

⑤ らっこ

⑥ ばった

⑦ せっけん

⑧ がっこう

ローマ字 (3)

ローマ字で書いてみましょう。

名前

(1) 次のローマ字の読み方をひらがなで書きましょう。 (5 × 12)

① kon'ya
( )

② zen'in
( )

③ kin'iro
( )

④ bon'odori
( )

⑤ man'in
( )

⑥ kin'yôbi
( )

⑦ NIPPON
( )

⑧ TÔKYÔ
( )

⑨ Yamagata-ken
( )

⑩ Sugita Zirô
( )

⑪ Hurusawa Rika
( )

⑫ Mori Sinzi
( )

(2) 次の言葉をローマ字で書きましょう。 (5 × 8)

① てんいん

()

② ほんや

(

)

③ せんえん

()

④ しんゆう

()

⑤ 北海道

()

⑥ 京都市

()

⑦ おおかわ　ゆうた

( )

⑧ ごとう　まりこ

( )

ローマ字 (4)

ローマ字で書いてみましょう。

名前

(1)　ローマ字には、書き方が二つあるものがあります。次の言葉をローマ字で書くとき、正しいものを二つえらんで○をつけましょう。 (4 × 12)

① しまうま
(　) smauma
(　) simauma
(　) shimauma

② つくえ
(　) tsukue
(　) tsikue
(　) tukue

③ みち
(　) michi
(　) mici
(　) miti

④ 読書
(　) dokusyo
(　) dokusho
(　) dokuso

⑤ 茶わん
(　) chawan
(　) tiwan
(　) tyawan

⑥ ふくおかけん
(　) Hukuoka-ken
(　) Fukuoka-ken
(　) Hekuoka-ken

(2)　次の言葉をローマ字で、二つの書き方で書きましょう。 (4 × 4)

① じてんしゃ
z
j

② ちゅうがっこう
t
c

(3)　次の文をローマ字で書きましょう。 (4)

● 本　を　かりる。

(4)　ローマ字でしりとり遊びをしましょう。絵にあう言葉をローマ字で書きましょう。ローマ字で書いてあるときは、読み方をひらがなで書きましょう。 (4 × 8)

(1)
① iruka
(　　　　)
↓
②

↓
③ nikki
(　　　　)
↓
④

(2)
① shukudai
(　　　　)
↓
②
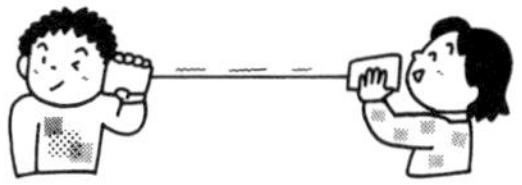
↓
③ wakame
(　　　　)
↓
④

ちいちゃんのかげおくり ⑴

朝になりました。町の様子は、すっかりかわっています。あちこち、けむりがのこっています。
どこがうちなのか――。
㋐「ちいちゃんじゃないの。」
という声。ふり向くと、はす向かいのうちのおばさんが立っています。
㋑「お母ちゃんは。お兄ちゃんは。」
と、おばさんがたずねました。ちいちゃんは、なくのをやっと㋐こらえて言いました。

㋒「おうちのとこ。」

「そう、おうちにもどっているのね。おばちゃん、今から帰るところよ。いっしょに行きましょうか。」

おばさんは、ちいちゃんの手をつないでくれました。㋑二人は歩きだしました。

家は、やけ落ちてなくなっていました。

「ここがお兄ちゃんとあたしのへや。」

ちいちゃんがしゃがんでいると、おばさんがやって来て言いました。

㋓「お母ちゃんたち、ここに帰ってくるの。」

ちいちゃんは、㋒深くうなずきました。

「じゃあ、だいじょうぶね。あのね、おばちゃんは、今から、おばちゃんのお父さんのうちに行くからね。」

ちいちゃんは、また深くうなずきました。

その夜《よ》、ちいちゃんは、ざつのうの中に入れてあるほしいいを、少し食べました。そして、こわれかかった暗いぼうくうごうの中で、ねむりました。

㋔「お母ちゃんとお兄ちゃんは、きっと帰ってくるよ。」

くもった朝が来て、昼がすぎ、また、暗い夜が来ました。ちいちゃんは、ざつのうの中のほしいいを、また少しかじりました。そして、こわれかかったぼうくうごうの中でねむりました。

（令和六年度版　光村図書　国語　三下　あおぞら　あまん　きみこ）

名前

● 上の文章を読んで答えましょう。

⑴ ㋐～㋓はだれが言った言葉ですか。（　）に、ちいちゃんかおばさんの、どちらかを書きましょう。（8×4）

㋐（　　　　）　㋑（　　　　）
㋒（　　　　）　㋓（　　　　）

⑵ ㋐こらえてという言葉を使ってみじかい文を作りましょう。（10）

（　　　　　　　　）

⑶ ㋑二人は歩きだしましたについて答えましょう。（10×3）

① 二人とは、だれとだれのことですか。

（　　　　）と（　　　　）

② どこに向かって歩きだしましたか。

（　　　　　　　　）

⑷ ちいちゃんの家はどうなっていましたか。（10）

（　　　　　　　　）

⑸ ㋒深くうなずきましたとありますが、このときのちいちゃんの気持ちを考えて書きましょう。（10）

（　　　　　　　　）

⑹ ㋔の言葉について、あてはまるものに○をつけましょう。（8）

（　）おばさんが、ちいちゃんを安心させるために言った。

（　）ちいちゃんが、自分をはげますために言った。

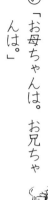

ちいちゃんのかげおくり (2)

名前

㋐明るい光が顔に当たって、目がさめました。

「まぶしいな。」

㋑ちいちゃんは、暑いような寒いような気がしました。ひどくのどがかわいています。いつのまにか、太陽は、高く上がっていました。

そのとき、

「かげおくりのよくできそうな空だなあ。」

というお父さんの声が、青い空からふってきました。

「ね。今、㋒みんなでやってみましょうよ。」

というお母さんの声も、青い空からふってきました。

ちいちゃんは、ふらふらする足をふみしめて立ち上がると、㋓たった一つのかげぼうしを見つめながら、数えだしました。

「ひとうつ、ふたあつ、みいっつ。」

いつのまにか、お父さんのひくい声が、かさなって聞こえだしました。

「ようっつ、いつうつ、むうっつ。」

お母さんの高い声も、それにかさなって聞こえだしました。

「ななあつ、やあっつ、ここのうつ。」

お兄ちゃんのわらいそうな声も、かさなってきました。

「とお。」

ちいちゃんが空を見上げると、青い空に、くっきりと白いかげが四つ。

「お父ちゃん。」

ちいちゃんはよびました。

「お母ちゃん、お兄ちゃん。」

そのとき、㋔体がすうっとすき通って、空にすいこまれていくのが分かりました。

一面の空の色。ちいちゃんは、空色の花ばたけの中に立っていました。見回しても、見回しても、花ばたけ。

「きっと、ここ、空の上よ。」

と、ちいちゃんは思いました。

「ああ、あたし、おなかがすいて軽くなったから、ういたのね。」

そのとき、向こうから、お父さんとお母さんとお兄ちゃんが、わらいながら歩いてくるのが見えました。

「なあんだ。みんな、こんな所にいたから、来なかったのね。」

ちいちゃんは、きらきらわらいだしました。㋕わらいながら、花ばたけの中を走りだしました。

㋖夏のはじめのある朝、こうして、小さな女の子の命が、空にきえました。

（令和六年度版　光村図書　国語　三下　あおぞら　あまん　きみこ）

● 上の文章を読んで答えましょう。

(1) ㋐明るい光が顔に当たってとありますが、だれの顔に当たったのですか。 ⑫

（　　　　）

(2) ㋑気がしましたとありますが、ちいちゃんは、どんな気がしたのですか。 ⑫

（　　　　）

(3) ㋒みんなでやってみましょうよとありますが、何をやってみましょうと言っていますか。 ⑫

（　　　　）

(4) お父さんと、お母さんの声は、どこからふってきましたか。 ⑫

（　　　　）

(5) ㋓たった一つのかげぼうしは、だれのかげぼうしですか。 ⑫

（　　　　）

(6) ㋔体がすうっとすき通って…とありますが、このとき、ちいちゃんの命は、どうなっていると思いますか。 ⑫

（　　　　）

(7) ㋕わらいながら…とありますが、このときの、ちいちゃんの気もちを考えて、書きましょう。 ⑭

（　　　　）

(8) ㋖夏のはじめのある朝、どんなことがありましたか。 ⑭

（　　　　）

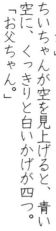

ちいちゃんのかげおくり (3)（全文読解《どっかい》）

名前

教科書《きょうかしょ》

「ちいちゃんのかげおくり」を読んで答えましょう。

(1) 次の一～五の場面をまとめた文の（　）に、[　]から言葉をえらんで入れましょう。（6×8）

ちいちゃんの体　お父さん　お母さん
お兄ちゃん　わらい声　ぼうくうごう
かげおくり　ひとりぼっちで

一（場面）	二	三	四	五
おはかまいりの帰り道、ちいちゃんは家族みんなで（　　）をする。（　　）はいくさに行き、いくさははげしくなっていく。	ちいちゃんは、空しゅうからにげるとき、（　　）や（　　）とはぐれてしまう。暗い橋の下、知らないたくさんの人たちの中でちいちゃんは、（　　）ねむる。	すっかり町の様子がかわり、家はやけ落ちてしまう。ちいちゃんは、お母さんとお兄ちゃんを待ちながら暗い（　　）の中でねむる。	お父さんたちの声が聞こえてきて、ちいちゃんはひとりでかげおくりをはじめる。（　　）は空にすいこまれて、空にきえる。	何十年後、小さな公園で、青い空の下、子どもたちが（　　）をあげて遊んでいる。

(2) 次の①、②のとき、ちいちゃんは何人でかげおくりをしましたか。（6×2）

① おはかまいりに行った日　（　　）人

② ぼうくうごうでねむっておきたとき　（　　）人

(3) 次の①～④の文は、だれの気持ちを表した文ですか。

① 「体の弱いお父さんまで、いくさに行かなければならないなんて。」（8）（　　）

② 「なあんだ。みんな、こんな所にいたから、来なかったのね。」（8）（　　）

③ 「今日の記念《ねん》写真だなあ。」（8）（　　）

④ 「お母ちゃんとお兄ちゃんは、きっと帰ってくるよ。」（8）（　　）

(4) 上の表の第五の場面で、きらきらわらっているのはだれですか。（8）（　　）

修飾語《しゅうしょく》を使って書こう (1)

名前

(1) 文の中で、次のような言葉を何と言いますか。[　]からえらんで（　）に書きましょう。(5×3)

① 「だれが（は）」「何が（は）」にあたる言葉。
（　　　　）

② 「どうする」「どんなだ」「何だ」にあたる言葉。
（　　　　）

③ 「どんな」「どのぐらい」など、文をくわしくする言葉。
（　　　　）

［ 述《じゅつ》語　修飾語　主語 ］

(2) ①～②の□に入る言葉を、それぞれ[　]からえらんで書きましょう。(6×7)

①
主語　わたしは → 述語　行きました。
修飾語（どこに）□ → 述語
修飾語（だれと）□ → 述語

［ 公園に　友だちと ］

②
主語　姉は → 述語 □。
修飾語（どんな）□ → 修飾語（何を）□ → 述語
□ → 修飾語（どのように）□ → 述語

［ ひきました　大きな　じょうずに
とても　ピアノを ］

(3) 次の文の、主語に——線、述語に～～線を引きましょう。修飾語を◯でかこみましょう。(1×23)

① あたたかい　風が　そよそよと
気持ちよく　ふいている。

② うつくしい　青い　鳥が　木の
えだに　とまっている。

③ つめたい　水が　小さな　川を
ちょろちょろと　流れている。

④ わたしは　日曜日に　家族と　遠くの
遊園地へ　行きました。

(4) 次の文の、主語に——線、述語に～～線、修飾語は◯でかこみましょう。また、〈れい〉のように、修飾語が、どの言葉に係ってくわしくしているか、↓で書きましょう。(1×20)

〈れい〉 (白い)　雲が、　(ふわふわと)　うかんでいる。

① 父の　かばんは、　とても　おもい。

② 黒い　犬が、　のそのそと　歩いている。

③ わたしの　弟は
おそるおそる　つり橋を　わたった。

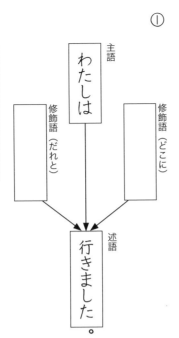

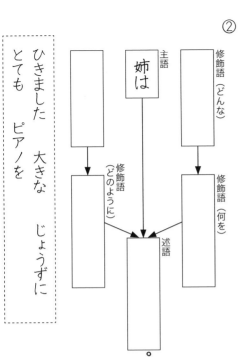

修飾《しゅうしょく》語を使って書こう（2）

名前

(1) ――線の言葉は、文の意味をくわしくしている修飾語です。それぞれのはたらきを□からえらんで（　）に記号を書きましょう。※同じ記号を二回使います。（5×11）

① わたしは、（主語）　きのう（　）　いとこに（　）　たん生日プレゼントを（　）　あげた。（述語）

② 白い（　）　雲が、（主語）　二つ（　）　ふわふわと（　）　空に（　）　うかんでいる。（述語）

③ ぼくは、（主語）　ぼくの（　）　学校の（　）　決まりを、（　）　しっかりと（　）　守った。（述語）

㋐いつ　㋑どこに
㋒どんな　㋓どのように
㋔何を　㋕だれに
㋖だれの　㋗どのぐらい
㋘何の

(2) 次の①～④の文に、㋐㋑のように修飾語をくわえて、文をくわしくしましょう。（5×8）

① 月が、光る。

㋐「まるい」をくわえる。
（　　　　）

㋑㋐の文に「あかるく」をくわえる。
（　　　　）

② 葉が、落ちる。

㋐「黄色い」をくわえる。
（　　　　）

㋑㋐の文に「ひらひらと」をくわえる。
（　　　　）

③ ねこが、歩く。

㋐「黒い」をくわえる
（　　　　）

㋑㋐の文に「ゆっくり」をくわえる。
（　　　　）

④ かばんは、大きい。

㋐「父の」をくわえる。
（　　　　）

㋑㋐の文に「とても」をくわえる。
（　　　　）

(3) 次の絵の様子を、修飾語を使ってくわしく書きましょう。（5）

きせつの言葉３
秋のくらし

虫の声　（文部省《もんぶしょう》　唱歌《しょうか》）

あれ松《まつ》虫が　鳴いている
ちんちろ　ちんちろ　ちんちろりん
あれ鈴《すず》虫も　鳴き出した
りんりんりんりん　りいんりん
秋の夜長を　鳴き通す
ああおもしろい　虫の声

（令和六年度版　光村図書　国語　三下　あおぞら「きせつの言葉３　秋のくらし」による）

名前

□1 上の歌を読んで答えましょう。

(1) 松虫の鳴く声を、歌の中の言葉で書き出しましょう。（12）

（　　　　　　　　）

(2) 鈴虫の鳴く声を、歌の中の言葉で書き出しましょう。（12）

（　　　　　　　　）

(3) 「鳴き通す」の意味に、あてはまる方に○をつけましょう。（12）

（　）遠くまで聞こえる、大きくてよく通る声で鳴く。
（　）秋の夜長を、ずっと鳴き続ける。

(4) 「ああおもしろい　虫の声」とありますが、虫の声のどんなところがおもしろいと思いますか。（14）

（　　　　　　　　）

□2 次の問いに答えましょう。

(1) 「○○の秋」という言い方があります。正しく使われているもの三つに、○をつけましょう。（5×3）

（　）げいじゅつの秋
（　）田植えの秋
（　）スポーツの秋
（　）しょくよくの秋
（　）海びらきの秋

(2) 秋にかんけいのある言葉三つに、○をつけましょう。（5×3）

（　）新米　（　）めばえ
（　）花見　（　）月夜
（　）夜長　（　）すだれ

(3) 秋はしゅうかくのきせつといわれますが、秋らしい食べ物四つに、○をつけましょう。（5×4）

（　）たけのこ　（　）ぶどう
（　）かき　（　）くり
（　）りんご　（　）きゅうり

名前

すがたをかえる大豆 (1)

いちばん分かりやすいのは、大豆をその形のままいったり、にたりして、やわらかく、おいしくするくふうです。いると、豆まきに使う豆になります。水につけてやわらかくしてからにると、に豆になります。正月のおせちりょうりに使われる黒豆も、に豆の一つです。に豆には、黒、茶、白など、いろいろな色の大豆が使われます。

次に、こなにひいて食べるくふうがあります。もちやだんごにかけるきなこは、大豆をいって、こなにひいたものです。

また、大豆にふくまれる主なえいようを取り出して、ちがう食品にするくふうもあります。大豆を一《ひと》ばん水にひたし、なめらかになるまですりつぶします。これに水をくわえて、かきまぜながら熱《ねっ》します。その後、ぬのを使ってなかみをしぼり出します。しぼり出したしるに にがりというものをくわえると、かたまって、とうふになります。

さらに、目に見えない小さな生物の力をかりて、ちがう食品にするくふうもあります。ナットウキンの力をかりたのが、なっとうです。むした大豆にナットウキンをくわえ、あたたかい場所に一日近くおいて作ります。コウジカビの力をかりたものが、みそやしょうゆです。みそを作るには、まず、むした米か麦にコウジカビをまぜたものを用意します。それと、しおを、にてつぶした大豆にくわえて、まぜ合わせます。ふたをして、風通しのよい暗い所に半年から一年の間おいておくと、大豆はみそになります。しょうゆも、よくにた作り方をします。

（令和六年度版　光村図書　国語　三下　あおぞら　国分《こくぶん》　牧衛《まきえ》）

● 上の文章を読んで答えましょう。

(1) 大豆をおいしく食べるくふうを、上の文中に出てくるじゅんに、四つ書きましょう。あてはまる食品を一つずつ書きましょう。（10×8）

① （　　）くふう　食品（　　）（　　）

② （　　）くふう　食品（きなこ）

③ （　　）くふう　食品（とうふ）

④ （　　）くふう　食品（　　）（みそ）（　　）

(2) 次の文は、とうふの作り方について書かれた文です。

① 作り方のじゅんになるように、（　）に数字を書きましょう。（3×4）

② せつ明にあてはまる絵を下からえらび、――線でむすびましょう。（2×4）

（　）しぼり出したしるに、にがりをくわえてかためる。　・　・

（　）大豆を水にひたし、すりつぶす。　・　・

（　）ぬのを使ってなかみをしぼり出す。　・　・

（　）すりつぶしたものに水をくわえて、かきまぜながら熱する。　・　・

すがたをかえる大豆 (2)（全文読解《どっかい》）

名前

教科書《きょうかしょ》　「すがたをかえる大豆」を読んで答えましょう。

(1) 全体の文を、「はじめ」「中」「終わり」の三つに分けます。それぞれ、どんなことが書かれていますか。線でむすびましょう。（5×3）

はじめ・　　・大豆の食べ方がふくうされてきた理由、感想、まとめ

中・　　・大豆についての大まかなせつめい

終わり・　　・大豆の食べ方のくふうについていくつかのれいをあげてせつめい

(2) 次の表は、大豆をおいしく食べるくふうと、それぞれのれいとなる食品についてまとめたものです。（　）にあてはまる食品名を入れましょう。（5×8）

おいしく食べるくふう	食品
・その形のままいったり、にたりして、やわらかく、おいしくする。	豆まきの豆　（　　）
・こなにひく	（　　）
・大切なえいようだけを取り出して、ちがう食品にする。	（　　）
・目に見えない小さな生物の力をかりて、ちがう食品にする。	（　　）（　　）（　　）
・とりいれる時期や育て方をくふうする。	（　　）（　　）

(3) みそを作るじゅんにまとめています。（　）にあてはまる言葉を[　]からえらんで書きましょう。（5×5）

むした（　　）に（　　）をまぜたものを用意する。

（　　）を、にてつぶした（　　）にくわえてまぜ合わせる。

風通しのよい（　　）に半年から一年の間おいておく。

[しお　麦　大豆　暗い所　コウジカビ]

(4) 大豆がほかの作物にくらべて多くの食べ方がくふうされてきたのは、なぜですか。その理由を二つ書きましょう。（10×2）

（　　　　）

（　　　　）

食べ物のひみつを教えます

名前

いろいろなすがたになる米

原　ゆうた

1　米には、いろいろな食べ方のくふうがあります。

2　まず、米をその形のままたいて食べるくふうがあります。米をといで、水につけてからたくと、ごはんになります。

3　ア、むして食べるくふうがあります。もち米という米をむして、うすときねでつくと、もちになります。もちつきのきかいを使うこともあります。

4　さらに、こなにして食べるくふうもあります。もち米をこなにしたものに、水を入れて練ります。それをゆでると、白玉になります。

5　イ、米は、くふうされて、いろいろなすがたになって食べられているのです。

（令和六年度版　光村図書　国語　三下　あおぞら　「食べ物のひみつを教えます」による）

● 上の文章を読んで答えましょう。

(1) 1～5の文章を「はじめ」「中」「終わり」の三つの段落に分けましょう。（7×3）

・はじめ（　　）　・中（　　）

・終わり（　　）

(2) 上の文章の、「はじめ」「中」「終わり」には、どんなことが書かれていますか。（3×3）

はじめ　・　　　・文章全体のまとめ

中　　　・　　　・文章全体の話題

終わり　・　　　・食べ方のくふうのれい

(3) この文章は、何についてせつ明していますか。（7×2）

米の□□□の□□□

(4) ア イに入る言葉を［　］からえらんで（　）に書きましょう。（7×2）

ア（　　）　イ（　　）

［このように　それとも　次に］

(5) 次の表の（　）にあてはまる言葉を書きましょう。（7×6）

段落	食べ方のくふう	食品名
2	①（　　）食べる	④（　　）
3	②（　　）食べる	⑤（　　）
4	③（　　）食べる	⑥（　　）

ことわざ・故《こ》事成《せい》語 (1)

名前

(1) 次の文は、ことわざのせつ明です。正しいもの一つに○をつけましょう。 (6)

（　）いろはかるたを作るために考えられた。
（　）中国で作られ、日本へつたえられてきた言いつたえ。
（　）生活の中で役立つちえをみじかい言葉や言い回しで表したもの。

(2) 次のことわざについて答えましょう。

① （　）に入る言葉を[　]からえらんで書きましょう。 (7×5)

㋐（　　　）の耳にねんぶつ　　㋑（　　　）の川流れ
㋒（　　　）に小ばん　　㋓（　　　）に真じゅ
㋔（　　　）も木から落ちる

さる　馬　かっぱ　ぶた　ねこ

② 次のことわざの意味と、ちかい意味をもつことわざを、①の㋐～㋔から二つえらんで（　）に書きましょう。 (7×2)

・弘法《こうぼう》にも筆のあやまり
【意味】どんなに上手な人にもしっぱいはあるものだということ。（　　　）（　　　）

(3) 次のことわざの意味を下からえらんで、――線でむすびましょう。 (6×4)

① 親しき仲《なか》にもれいぎあり　・　　・よいと思ったら、すぐに実行するのがよい。
② 早起きは三文《もん》の徳《とく》　・　　・どんなに親しい仲であっても、礼ぎは守らなくてはならない。
③ 石橋をたたいてわたる　・　　・朝早く起きることは、健康によいだけでなく、ほかにもいいことがある。
④ 善《ぜん》は急げ　・　　・用心に用心を重ねて行うこと。

(4) 次のことわざが、正しいことわざになるように、（　）の中の言葉をえらんで○をつけましょう。 (7×3)

① ちりもつもれば（　おか　ごみ　山　）となる
② わかいときの（　遊び　苦労　運動　）は買ってもせよ
③ 犬も歩けば（　ぼう　石　かべ　）に当たる

ことわざ・故《こ》事成《せい》語(2)

名前

(1) 次の文は、故事成語についてせつ明した文です。（　）にあてはまる言葉を[　]からえらんで書きましょう。（9×2）

故事成語は、ことわざににた（　　）言葉で、（　　）につたわる古い出来事や物語がもとになってできた言葉です。

[長い　みじかい　中国《ちゅうごく》　インド]

(2) 次の文は「五十歩百歩」という故事成語の由来と、それが表す意味をせつ明したものです。（　）にあてはまる言葉を、[　]からえらんで書きましょう。（10×4）

【由来】たたかいのときに、にげ出した者がいた。このとき、（　　）にげた者が、（　　）にげた者を弱虫だとわらったが、どちらもにげたことにはかわりはないということ。

【意味】（　　）のちがいはあるものの、（　　）ちがいはないこと。

[大きな　百歩　五十歩　多少]

(3) 次の故事成語の意味を下からえらんで、――線でむすびましょう。（7×3）

① 漁夫《ぎょふ》の利《り》 •　　• 話のつじつまが合わないこと。

② 矛盾《むじゅん》 •　　• 詩や文章の表現を考えて、なんども直すこと。

③ 推敲《すいこう》 •　　• 二人が利えきを、めぐってあらそっているすきにべつの人がそのりえきを横取りすること。

(4) 次の文には、どんなことわざがあてはまりますか。[　]からえらんで（　）に記号を書きましょう。（7×3）

①（　　）三年間、毎日十円玉を一つずつ、こつこつとちょ金していたら、たまったお金で、かっこいいかばんが買えたよ。

②（　　）国語の先生なのに、漢字の読み方をまちがえたそうだ。

③（　　）コンクールに出す作文を、先生にもお母さんにも見てもらったが、ねんのため、自分でも五回見直した。

[
㋐ さるも木から落ちる
㋑ 石橋をたたいてわたる
㋒ ちりもつもれば山となる。
]

漢字の意味

名前

(1) 絵を見て、――線の言葉を漢字に直して、□に書きましょう。（4×6）

① 人形にはなをつけます。

㋐ □ 

㋑ □ 

② はがきれいです。

㋐ □ 

㋑ □ 

③ ひに当たります。

㋐ □ 

㋑ □ 

(2) 次の――線の言葉を漢字に直して□に書き入れ、意味が分かる文にしましょう。
※「・」のマスには漢字が入ります。（6×2）

① はははははじょうぶです。

□□□□じょうぶです。

② にわにはにわにわとりがいる。

□□□□□にわとりがいる。

(3) 次の文に合う漢字を（　）からえらんで、□に書きましょう。（4×8）

① カイ（界　階）

㋐ 二□のまどを開ける。

㋑ おじは世□中、旅をした。

② サン（三　山）

㋐ ふじ□の絵をかいた。

㋑ 友達□人で、クイズをした。

③ キョク（局　曲）

㋐ ピアノで楽しい□をひく。

㋑ ゆうびん□で切手を買う。

④ セン（船　線）

㋐ 点□を引く。

㋑ 風□をふくらませる。

(4) 次の文に合う漢字を書きましょう。（4×8）

①

㋐ 父は新聞□□《きしゃ》だ。

㋑ □□《きしゃ》のもけいを作る。

②

㋐ 近所で□□《かじ》があった。

㋑ □□《かじ》を手つだった。

③

㋐ 友だち□□《じゅうにん》でグループをつくる。

㋑ 祭りに町の□□《じゅうにん》が集まった。

④

㋐ □□《きゅうこう》電車に乗った。

㋑ 台風で学校が□□《きゅうこう》になった。

短歌を楽しもう

(あ)
むしのね㋐も　のこりすくなに　なりにけり
よなよなかぜ㋑の　さむくしなれば
良寛《りょうかん》

虫の鳴き声もあまり聞こえなくなってきたなあ。夜ごとにふく風が寒くなるので。

(い)
秋来《き》ぬと㋒目にはさやかに見えねども
風の音にぞおどろかれぬる
藤原敏行《ふじわらのとしゆき》

秋が来たと、目に見えてはっきりとは分からなかったけれども、風の音が秋らしくて、はっとしたよ。

(う)
秋風の吹《ふ》きにし日より音羽山《おとわやま》
峰《みね》のこずゑ《(え)》も色づきにけり㋓
紀貫之《きのつらゆき》

秋風がふき始めたその日から、音羽山のちょうじょうでは、木のえだの先も色づき始めていたのだなあ。

(え)
奥山《おくやま》に紅葉《もみじ》踏《ふ》み分け鳴く鹿《しか》の
声聞く時ぞ秋は悲しき㋔
猿丸大夫《さるまるだゆう》

奥深い山で紅葉を踏み分けながら鳴いている鹿の声を聞くときこそ、秋の悲しさを感じるものだ。

（令和六年度版　光村図書　国語　三下　あおぞら「短歌を楽しもう」による）

名前

● 上の短歌や文章を読んで答えましょう。

(1) （　）にあてはまる言葉を[　]からえらんで書きましょう。（7×5）

短歌は（　　　）の（　　　）で作られた（　　　）です。

（　　　）の様子や、そこから感じられること、心に思ういろいろなことなどが表されています。

短歌は、一首《しゅ》、二首というように、「（　　　）」を使って数えます。

十七音《おん》	短い詩
五・七・五・七・七	首
しぜん	三十一音
	五・七・五

(2) 五・七・五・七・七の音で、調子よく読めるように、(い)～(え)の短歌を、／線で区切りましょう。（10×3）

(い) 秋来ぬと目にはさやかに見えねども
風の音にぞおどろかれぬる

(う) 秋風の吹きにし日より音羽山
峰のこずゑも色づきにけり

(え) 奥山に紅葉踏み分け鳴く鹿の
声聞く時ぞ秋は悲しき

(3) ——線㋐～㋔の言葉の意味を書きましょう。（7×5）

㋐（　　　）
㋑（　　　）
㋒（　　　）
㋓（　　　）
㋔（　　　）

三年とうげ (1)

名前

〔あらすじ〕
三年とうげで転んだら、三年しか生きられないという言いつたえがあります。その三年とうげでころんでしまったおじいさん。病気になってしまいました。
そんなある日、水車屋のトルトリが、みまいに来ました。

あ「なおるとも。三年とうげで、もう一度転ぶんだよ。」

い「ばかな。わしに、もっと早く死ねと言うのか。」

う「そうじゃないんだよ。一度転ぶと、三年生きるんだろ。二度転べば六年、三度転べば九年、四度転べば十二年。このように、㋐何度も転べば、ううんと長生きできるはずだよ。」

おじいさんは、しばらく考えていましたが、うなずきました。

え「うん、なるほど、なるほど。」

そして、㋑ふとんからはね起きると、三年とうげに行き、わざとひっくり返り、転びました。

このときです。ぬるでの木のかげから、㋒おもしろい歌が聞こえてきました。

「えいやら　えいやら　えいやらや。
一ぺん転べば　三年で、
十ぺん転べば　三十年、
百ぺん転べば　三百年。
こけて　転んで　ひざついて、
しりもちついて　でんぐり返り、
長生きするとは、こりゃ　めでたい。」

おじいさんは、すっかりうれしくなりました。

ころりん、ころりん、すってんころり、ぺったんころりん、ひょいころ、ころりんと、転びました。㋓あんまりうれしくなったので、しまいに、とうげからふもとまで、ころころころりんと、転がり落ちてしまいました。

そして、けろけろけろっとした顔をして、
「もう、わしの病気はなおった。百年も、二百年も、長生きができるわい。」
と、にこにこわらいました。

（令和六年度版　光村図書　国語　三下　あおぞら　李錦玉《リクムオギ》）

● 上の文章を読んで答えましょう。

(1) 上の文章のあ〜えの言葉は、だれが言った言葉ですか。「おじいさん」か、「トルトリ」かをえらんで（　）に書きましょう。(5×4)

あ（　　　）　い（　　　）
う（　　　）　え（　　　）

(2) トルトリは、おじいさんに、どこで、何をすると、病気がなおると言いましたか。(10×2)

・どこで（　　　）
・何をする（　　　）

(3) トルトリは㋐何度も転べば何ができるはずだと言いましたか。文中からさがして三文字で答えましょう。(10)

□□□

(4) ㋑ふとんからはね起きたおじいさんは、どこに行って何をしましたか。(10×2)

・どこで（　　　）
・何をする（　　　）

(5) ㋒おもしろい歌について答えましょう。

① どこから聞こえてきましたか。(10)

（　　　）

② 歌の中で百ぺん転べば何年長生きすると言っていますか。(10)

□□□長生きする。

(6) ㋓あんまりうれしくなったので、しまいにおじいさんはどうしましたか。(10)

（　　　）

教科書《きょうかしょ》

三年とうげ (2)（全文読解《どっかい》）

「三年とうげ」を読んで答えましょう。

名前

(1) 次の一～六の場面をまとめた文の（　）に[　]から言葉をえらんで書き入れましょう。(4×14)

一（場面）	二	三	四	五	六
あるところに（　　）とよばれる、あまり高くない、なだらかなとうげがありました。三年とうげには昔から「転ぶと三年しか生きられない」という（　　）がありました。	ある秋の日のこと、（　　）を売りに行ったおじいさんが、三年とうげで、（　　）しまいました。	おじいさんは、ごはんも食べずに、ふとんにもぐりこみ、とうとう（　　）になってしまいました。	水車屋の（　　）が、みまいに来て、「三年とうげで、もう（　　）転ぶと病気がなおる。」と言いました。	おじいさんは、（　　）からはね起きると、三年とうげに行き、わざとひっくり返り、転びました。このとき、ぬるでの木のかげから、（　　）歌が聞こえてきました。うれしくなったおじいさんは、（　　）から、（　　）まで転がり落ちました。	こうして、おじいさんは、すっかり（　　）になり、おばあさんと二人なかよく、（　　）に、（　　）したということです。

ふとん　トルトリ　幸せ　一度　言いつたえ
おもしろい　転んで　元気　病気　反《たん》物
とうげ　長生き　ふもと　三年とうげ

(2) 三年とうげのお話について、あてはまる言葉を[　]からえらんで（　）に、書きましょう。

① 次の文は、三年とうげに昔からある言いつたえです。（　）にあてはまる言葉を書きましょう。(4×3)

三年とうげで　転ぶでない。
三年とうげで　転んだならば、
（　　）きりしか　生きられぬ。
長生きしたけりゃ、（　　）でないぞ。
三年とうげで　転んだならば、
長生きしたくも（　　）られぬ。

② 次の文は、トルトリがみまいに来たあと、おじいさんが、三年とうげでわざと転んだときに聞こえてきたおもしろい歌です。（　）にあてはまる言葉を書きましょう。(4×4)

「えいやら　えいやら　えいやらや。
一ぺん転べば（　　）年で、
（　　）ぺん転べば　三十年、
百ぺん転べば（　　）年。
こけて　転んで　ひざついて、しりもちついて
でんぐり返り、
（　　）するとは、こりゃ　めでたい。」

三年　三　十　三百　生き　長生き　転ぶ

(3) 三年とうげのお話にあてはまる文を二つえらび、（　）に○をつけましょう。(8×2)

（　）三年とうげは、あまり高くない、なだらかなとうげでした。

（　）三年とうげでころばないように、気をつけて歩いていたおじいさんは、石につまずいて、転んでしまいました。

（　）病気になったおじいさんの看《かん》病をしたのは、トルトリでした。

わたしの町のよいところ

名前

● 次の文章を読んで答えましょう。

いつでも楽しい　じどう館

水野　風花

　わたしがしょうかいしたいのは、じどう館です。

　じどう館は、わかば駅のすぐ近くにあり、午前９時から午後６時まで開いています。

　このじどう館をしょうかいしたい理由は、二つあります。

　一つは、楽しいイベントがたくさんあるからです。じどう館では、工作教室やダンス教室などが開かれます。わたしは、先週、とうげい教室にさんかして、お皿を作りました。先生が、力の入れ具合をていねいに教えてくれたので、上手にできました。とうげい教室は、みなさんにもおすすめです。

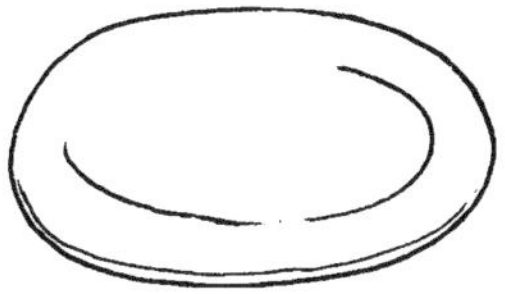

　もう一つの理由は、いろいろな人と交流できるからです。このじどう館は、高校生までならだれでもりようできるので、年れいや学校がちがう人もいます。きのう、となりの学校の田中さんと話したら、人気のある遊びがちがっていて、びっくりしました。いつもとちがう友だちと交流すると、新しい発見があります。

　じどう館に行ったことがない人は、ぜひ一度、行ってみてください。

（令和六年度版　光村図書　国語　三下　あおぞら「わたしの町のよいところ」による）

(1) 水野さんは、じどう館をしょうかいしています。じどう館について答えましょう。（10×2）

① どこにありますか。

② 何時から何時まで開いていますか。

(2) 水野さんがじどう館をしょうかいしたい理由を、二つ書きましょう。（10×2）

(3) 水野さんが先週さんかしたイベントは何ですか。一つに○をつけましょう。（10）

（　）ダンス教室
（　）とうげい教室
（　）工作教室

(4) きのう、水野さんは、だれと話しましたか。（10）

(5) 水野さんがびっくりしたことは、どんなことですか。（10）

(6) この文の、「はじめ・中・終わり」には何が書いてありますか。［　］からえらんで（　）に書きましょう。（10×3）

・はじめ
・中
・終わり

しょうかいしたい理由
しょうかいするもの
まとめ・よびかけ

きせつの言葉4
冬のくらし

名前

ゆき

川崎《かわさき》　洋《ひろし》

はつゆき　ふった
こなゆき　だった
くつの下で　きゅっきゅっきゅとないた

どかゆき　ふった
のしのし　ふって
ずんずん　つもり
ねゆきに　なった

べたゆき　ふって
ぼたゆき　ふって
ざらめゆきに　なって
もうすぐ　春だ

（令和六年度版　光村図書　国語　三下　あおぞら　川崎　洋）

1 上の詩を読んで答えましょう。

(1) 「ゆき」とつく言葉を、詩の中からさがして七つ書きましょう。（5×7）

(2) こなゆきは、くつの下で、どんな音がしましたか。（5）

(3) どかゆきは、どのようにして　ねゆきになりましたか。詩の言葉で書きましょう。（5）

(4) もうすぐ　きせつは、なにになりますか。（5）

2 次の問いに答えましょう。

(1) 寒い冬をあたたかくすごすためのくふう三つに、○をつけましょう。（5×3）

（　）あみ戸　（　）こたつ
（　）花見　（　）うち水
（　）ゆたんぽ　（　）ストーブ

(2) 冬にかんけいのある言葉三つに、○をつけましょう。（5×3）

（　）雪かき　（　）すだれ
（　）銀世界　（　）雪がっせん

(3) 土の中で育つ、冬においしいやさい四つに、○をつけましょう。（5×4）

（　）れんこん　（　）にんじん
（　）ふき　（　）かぶ
（　）大根　（　）なすび

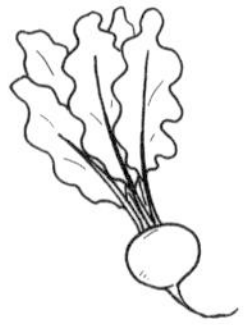

四まいの絵を使って

名前

(1) 次の四まいの絵を使って、お話を作ります。

① 次の四まいの絵を、あなたのすきなじゅん番にならべかえましょう。
絵の上の○に、ならべかえた番号を書きましょう。

② 四まいの絵は、それぞれ、どんな場面を表していると思いますか。
絵の横の（　）に書きましょう。

③ 四まいの絵を使ってお話を考え、そのお話を下の□に書きましょう。

カンジーはかせの 音訓《おんくん》かるた (1)

名前

(1) 次の漢字の「音」と「訓」を書きましょう。送りがなには——線を引きましょう。「音」はカタカナ、「訓」はひらがなで書きましょう。(3×12)

〈れい〉会（音 カイ）（訓 あう）

① 店（音　）（訓　）

② 長（音　）（訓　）

③ 馬（音　）（訓　）

④ 虫（音　）（訓　）

⑤ 湖（音　）（訓　）

⑥ 草（音　）（訓　）

(2) ——線の言葉を漢字にして（　）に書きましょう。「音」と「訓」に気をつけましょう。(3×8)

〈れい〉わたしは、しゅうじを学校でならいました。（習字）（習）

① 父の会社をけんがくして、父がはたらくすがたをみました。（　）（　）

② ちょうしょくで、目玉やきをたべた。（　）（　）

③ せんせいは、ぼくよりもさきに体育館に入りました。（　）（　）

④ むこうのとおりは、いっぽうつうこうだ。（　）（　）

(3) ——線の漢字の読みがなを、「音」のときはカタカナで、「訓」のときはひらがなで（　）に書きましょう。(4×10)

① 小学校にある高い木の上で、小さな小鳥が鳴いている。（　）（　）（　）

② 四角形のはこに、花形のかみかざりをつけた、かわいい人形が入れてある。（　）（　）（　）

③ 夜空にはたくさんの星がまたたき、たくさんの星ざをかんさつすることができた。（　）（　）

④ きょうは、雲一つなく晴れている。晴天だ。（　）（　）

カンジーはかせの 音訓《おんくん》かるた (2)

名前

(1) 次の文の□には、同じ漢字が入ります。その漢字を下の□に書きましょう。（3×6）

① □炭は黒い□のようだ。 □

③ □を□庫に入れる。 □

⑤ □をふくと汽□がなった。 □

② □動会の用具を□ぶ。 □

④ 家族の□真を□す。 □

⑥ 毎朝、体□を□べる。 □

(2) 次の漢字の——線の部分の読みがなを書きましょう。（3×15）

①
㋐ 鳥が鳴く。（　）
㋑ 悲鳴を上げる。（　）

②
㋐ 旅行する（　）
㋑ 旅に出る。（　）

③
㋐ 木の根にすわる。（　）
㋑ 大根を食べる。（　）

④
㋐ とびらを開く。（　）
㋑ 開会式が始まる。（　）
㋒ まどを開ける。（　）

⑤
㋐ 親せきと会う。（　）
㋑ 母の親しい友人。（　）
㋒ 親指にけがをした。（　）

⑥
㋐ 物語の登場人物。（　）
㋑ 木に登る。（　）
㋒ 登山する。（　）

(3) 次の漢字の——線の部分の読みがなを書きましょう。（3×12）

① 旅先の　宿で宿題　がんばった（　）（　）（　）

③ 千代紙で　つくった作品　千羽づる（　）（　）（　）

⑤ 羊の毛　ふわふわあったか　羊毛だ（　）（　）（　）

② 前を見て　みんなで行進　進んでる（　）（　）（　）

④ 教えてね　いつも楽しい　教室で（　）（　）（　）

⑥ 最後まで　試合に勝った　ゆう勝だ（　）（　）（　）

名前（1）

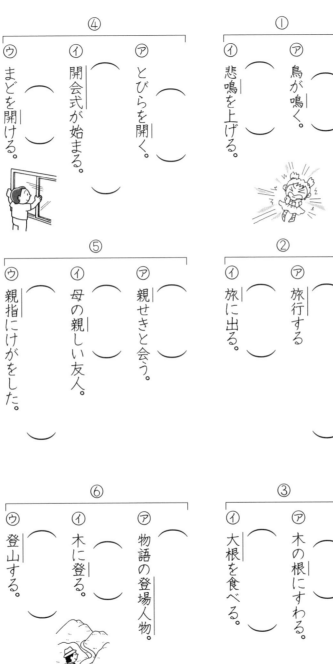

ありの行列 (1)

名前

アメリカに、ウィルソンという学者がいます。この人は、次のようなじっけんをしました。

㋐はじめに、ありの巣《す》から少しはなれた所に、ひとつまみのさとうをおきました。しばらくすると㋑一ぴきのありが、そのさとうを見つけました。これは、えさをさがすために、外に出ていたはたらきありです。ありは、やがて、㋒巣に帰っていきました。すると、巣の中から、たくさんのはたらきありが、次々と出てきました。そして、列を作って、さとうの所まで行きました。㋓ふしぎなことに、その行列は、はじめのありが巣に帰るときに通った道すじから、外れていないのです。

次に、この道すじに大きな石をおいて、ありの行く手をさえぎってみました。すると、ありの行列は、石の所でみだれて、ちりぢりになってしまいました。ようやく、一ぴきのありが石の向こうがわに道のつづきを見つけました。そして、さとうに向かって進んでいきました。そのうちに、ほかのありたちも、一ぴき二ひきと道を見つけて歩きだしました。まただんだんに、ありの行列ができていきました。目的《てき》地に着くと、ありは、さとうのつぶを持って、巣に帰っていきました。帰るときも、行列の道すじはかわりません。ありの行列は、さとうのかたまりがなくなるまでつづきました。

（令和六年度版　光村図書　国語　三下　あおぞら　大滝《おおたき》　哲也《てつや》）

● 上の文章を読んで答えましょう。

(1) この文章には、どこの国の、何という学者が、何の様子をかんさつしたことが書かれていますか。（9×3）

・国（　　）・学者（　　）

・かんさつしたもの（　　）

(2) ㋐はじめに、どこに、何を、おきましたか。（9×3）

（　　）から少し（　　）所に、ひとつまみの（　　）をおいた。

(3) さとうを見つけた一ぴきのありは、どんなありでしたか。（9）

（　　）

(4) ㋑一ぴきのありが、㋒巣に帰っていったあとの、ありの様子を書きましょう。（9×2）

① どこから、何が、どんなふうに、出てきましたか。

（　　）

② ①は、どこまで行きましたか。

列を作って、（　　）行きました。

(5) ㋓ふしぎなこととは、どんなことですか。（9）

（　　）

(6) 次の文は、道すじに大きな石をおいて、ありの行く手をさえぎったあとに、おこったことが書かれています。じゅん番になるように（　）に数字を書きましょう。（10）

（　）ほかのありたちも、道を見つけて歩きだした。

（　）ありの行列は、石の所でみだれて、ちりぢりになった。

（　）目的地に着くと、さとうのつぶを持って、巣に帰っていった。

（　）一ぴきのありが、石の向こうがわに道のつづきを見つけ、さとうに向かって進んでいった。

（　）ありの行列は、さとうのかたまりがなくなるまで続いた。

ありの行列 (2)（全文読解《どっかい》）

教科書《きょうかしょ》

「ありの行列」を読んで答えましょう。

(1) 次の文は、ウィルソンがおこなったじっけんについて、書かれています。（　）にあてはまる言葉を［　］からえらんで書きましょう。（5×6）

① はじめにありの、（　　）から少しはなれた所に、ひとつまみの（　　）をおきました。

② 巣の中から出てきたたくさんのはたらきありは、（　　）を作って、さとうの所まで行きました。

③ ふしぎなことに、ありの行列ははじめのありが巣に帰るときに通った道すじから、（　　）いない。

④ ウィルソンは、道すじに、（　　）をおいて、ありの（　　）をさえぎった。

大きな石	さとう	巣
行く手	列	外れて

名前

(2) ウィルソンが、「次に」おこなったことに対してのありの様子について、正しいものに○、まちがえているものに×をつけましょう。（5×5）

（　）道すじに石をおいても、ありの行列は、一度もみだれなかった。

（　）一ぴきのありが石のむこうがわに道のつづきを見つけ、さとうにむかって進んでいった。

（　）ほかのありたちは、道を見つけることができなかった。

（　）帰るときも、行列の道すじはかわらなかった。

（　）ありの行列はさとうのかたまりがなくなるまで続いた。

(3) 次の文は、ウィルソンがはたらきありの体の仕組みを研究して分かったことについて書かれています。（　）にあてはまる言葉を［　］からえらんで書きましょう。（5×9）

ありは、（　　）のところから、（　　）を、出すことが分かりました。それは、においのある（　　）しやすいえきです。はたらきありは、えさを見つけると（　　）として、（　　）にこのえきをつけながら帰ります。ほかのありたちも、（　　）をたどって、（　　）の所へ行ったり、（　　）に帰ったりするので、ありの（　　）ができるというわけです。

えさ	おしり	じょうはつ	地面	巣
道しるべ	行列	におい	とくべつのえき	

つたわる言葉で表そう

● 次の文章を読んで答えましょう。

（あ）

マラソン大会がありました。

㋐とても寒かったけれど、しばらくすると、㋑とてもあたたかくなってきました。

㋒とても苦しかったですが、さいごまで走りました。

走れてよかったです。

（い）

きのう、マラソン大会がありました。

スタートするときは、みんな寒くてふるえていましたが、走りはじめてしばらくすると、ぽかぽかとあたたかくなってきました。

とちゅうで、走るのをやめたくなるほど苦しくなりました。

でも、おうえんしてくれる友だちや、お母さんのすがたが見えたので、さいごまでがんばって走ろうと思いました。

ゴールできたときは、うれしくて、なきそうになりました。

つかれたけれど、さいごまで走ることができてよかったです。

名前

(1) 右の（あ）（い）二つの文章は、中村さんが書いたマラソン大会の感想文です。
（あ）の文章には「とても」という言葉がたくさん使われていますが、うまくつたわりません。そこで、様子や気持ちがつたわる言葉を使って（い）のように書き直しました。

① ㋐とても寒かったは、（い）の文章ではどのような言葉で表されていますか。

（　　　）

② ㋑とてもあたたかくなってきましたは、（い）の文章ではどのような言葉で表されていますか。

（　　　）

③ ㋒とても苦しかったは、（い）の文章ではどのような言葉で表されていますか。

（　　　）

(2) 何かをしているとちゅうで、苦しくなったとき、あなたは、どんなことがあると、さいごまでがんばることができますか。あなたの考えを書きましょう。

（　　　）

たから島のぼうけん

● 次の文章を読んで答えましょう。

たから島のぼうけん

北田　直矢

力持ちで、少しそそっかしいそうまと、いつも注意深く行動するゆなは、小さいころからの友だちです。学校にも、毎日いっしょに通っています。

ある朝、㋐いつものように二人が学校へ向かっていると、道に㋑古い地図が落ちていました。

…

ほのおをはく島に見とれていたそうまは、㋒何かにつまずきました。そのとたん、ゴーッと地ひびきのような音がしました。そうまは、きょだいなわにのしっぽにつまずいて、ねむっていたわにを㋓起こしてしまったのです。

…

(あ)「このつるを使って。急いで。」

そうまは、ゆながが投げた草のつるで、わにの口をぐるぐるとしばりました。二人は、とぶように㋔にげました。

…

そうして、㋕二人は、ぶじに島から帰ってきました。夕ぐれの町を、明るいひょうじょうで歩く二人のポケットには、たから物がぎっしりつまっています。

①　②　③　④

（令和六年度版　光村図書　国語　三下　あおぞら「たから島のぼうけん」による）

(1) 右の文の下の①〜④の□にあてはまる言葉を、［　］からえらんで書きましょう。（5×4）

［出来事が起こる　むすび　出来事がかいけつする　始まり］

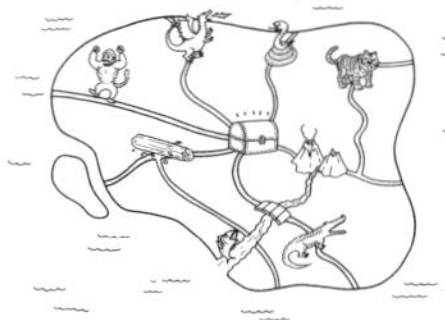

名前

〈始まり〉

(2) 次の下の文は、登場人物がどんな人物かを表した文です。上の登場人物と下の文があうように、——線でむすびましょう。（5×2）

① そうま・　　・いつも注意深く行動する。

② ゆな　・　　・力持ちで、少しそそっかしい。

〈出来事が起こる〉

(3) ㋐いつものように二人は、どこに向かっていましたか。（5）

（　　　　）

(4) ㋑古い地図が落ちていたのはいつですか。（5）

（　　　　）

(5) そうまは、㋒何かににつまずきました。について答えましょう。（10×2）

① 何につまずきましたか。

□□の□□□

・起こったこと

② そうまは、何を㋓起こしてしまったのですか。（10）

（　　　　）

〈出来事がかいけつする〉

(6) (あ)は、だれが言ったことばですか。（5）

（　　　　）

(7) 二人は、どのように㋔にげましたか。（10）

（　　　　）

〈むすび〉

(8) ㋕二人とは、だれのことですか。（5）

（　　　）と（　　　）

(9) ㋕二人は、どんなひょうじょうで、歩いていますか。（10）

（　　　　）

お気に入りの場所、教えます

名前

● 次の文章は、発表のれいの文章です。

わたしのお気に入りの場所は、東こうしゃと西こうしゃの間にある中庭です。

中庭がすきな理由は、二つあります。

一つ目は、気持ちのよさです。しばふが植えられているので、夏はすずしく、冬はあたたかく感じます。また、しばふのおかげで転んでもいたくないので、㋐思い切り遊べます。そして、まわりに木や花があるので、㋑きせつを感じることができます。

二つ目は、思い出の場所だということです。みなさんは、ここで、がっしょうの練習をしたことをおぼえていますか。がっしょう祭に向けて、何度も、ここで㋒練習しましたね。はじめは小さな歌声でしたが、㋓練習を重ねるうちに、遠くまでひびく声が出せるようになりました。本番では、みんなの息がぴったり合い、聞きに来てくれたちいきの方に、「きれいなハーモニーだったよ。」と言ってもらえました。

㋔、中庭は、わたしにとって、お気に入りの場所です。これからも、この中庭でたくさんの時間をすごし、いろいろな思い出を作っていきたいと思います。

（令和六年度版　光村図書　国語　三下　あおぞら「お気に入りの場所、教えます」による）

1 発表するときについて答えましょう。

● 理由を話すときの言葉について（　）にあてはまる言葉を［　］からさがして書きましょう。（4×4）

・（　　）は二つあります。
・（　　）目の理由は、——。
・（　　）目の理由は、——。
・（　　）は、——からです。

［ 一つ　それ　理由　二つ ］

2 上の発表のれいの文章を読んで答えましょう。

(1) 〈はじめ〉 わたしのお気に入りの場所は、どこですか。（8）

（　　）

〈中〉

(2) 中庭がすきな理由について答えましょう。（8×2）

① 一つ目の理由を書きましょう。

（　　）

② 二つ目の理由を書きましょう。

（　　）

(3) 一つ目の理由が書かれた段落を読んで答えましょう。（8×2）

① ㋐思い切り遊べるのは、なぜですか。

（　　）

② ㋑きせつを感じることができるのは、なぜですか。

（　　）

(4) 二つ目の理由が書かれた段落を読んで答えましょう。（8×2）

① 何に向けて㋒練習しましたか。

（　　）

② ㋓練習を重ねるうちに、どんなことができるようになりましたか。

（　　）

〈終わり〉

(5) ㋔にあてはまる言葉に○をつけましょう。（7）

（　）しかしながら　（　）または　（　）このように

3 この文章の、「はじめ」「中」「終わり」には何が書いてありますか。［　］からえらんで（　）に書きましょう。（7×3）

・はじめ（　　）
・中（　　）
・終わり（　　）

［ つたえたいことに合った理由
つたえたいこと
つたえたいことについてのまとめ ］

モチモチの木 (1)

全く、(ア)豆太《まめた》ほどおくびょうなやつはない。もう五つにもなったんだから、夜中に、一人でせっちんぐらいに行けたっていい。

ところが、豆太は、せっちんは表にあるし、表には大きなモチモチの木がつっ立っていて、(イ)空いっぱいのかみの毛をバサバサとふるって、両手を「わあっ。」とあげるからって、夜中には、じさまについてってもらわないと、一人じゃしょうべんもできないのだ。

じさまは、ぐっすりねむっている真夜中に、豆太が「じさまぁ。」って、どんなに小さい声で言っても、「しょんべんか。」と、(ウ)すぐ目をさましてくれる。いっしょにねている一まいしかないふとんを、ぬらされちまうよりいいからなぁ。

それに、とうげのりょうし小屋に、自分とたった二人でくらしている豆太が、かわいそうで、かわいかったからだろう。

けれど、豆太のおとうだって、くまと組みうちして、頭をぶっさかれて死んだほどのきもすけだったし、じさまだって、六十四の今、まだ青じしを追っかけて、きもをひやすような岩から岩へのとびうつりだって、見事にやってのける。

(エ)、どうして豆太だけが、こんなにおくびょうなんだろうか――。

（令和六年度版　光村図書　国語　三下　あおぞら　斎藤《さいとう》　隆介《りゅうすけ》）

名前

● 上の文章を読んで答えましょう。

(1) (ア)豆太《まめた》ほど…とありますが、豆太のどんなところがおくびょうなのですか。(15)

(2) (イ)空いっぱいの…について答えましょう。(15×2)

① 空いっぱいのかみの毛とは、モチモチの木のどんな様子を表していますか。

② ――線(イ)の文から、豆太はモチモチの木のことをどう思っているでしょう。

(3) じさまが、(ウ)すぐ目をさましてくれるのはなぜですか。二つ書きましょう。(15×2)

(4) 豆太のおとうは、どうして死んだのですか。(15)

(5) (エ)にあてはまる言葉に○をつけましょう。(10)

(　)それだから　(　)それなのに　(　)それだけで

モチモチの木 (2)

名前

豆太《まめた》は、真夜中に、ひょっと㋐目をさましました。頭の上で、くまのうなり声が聞こえたからだ。

㋐「じさまぁっ。」

むちゅうでじさまにしがみつこうとしたが、じさまはいない。

「ま、豆太、心配すんな。じさまは、じさまは、ちょっとはらがいてえだけだ。」

まくら元で、くまみたいに体を丸めて㋑うなっていたのは、じさまだった。

㋑「じさまっ。」

こわくて、びっくらして、豆太はじさまにとびついた。けれども、じさまは、ころりとたたみに転げると、歯を食いしばって、ますますすごくうなるだけだ。

㋒「医者様をよばなくっちゃ。」

豆太は、小犬みたいに体を丸めて、表戸を体でふっとばして走りだした。

㋓ねまきのまんま。はだしで。半道《はんみち》もあるふもとの村まで――。

外はすごい星で、月も出ていた。とうげの下りの坂道は、一面の真白い霜で、雪みたいだった。霜が足にかみついた。足からは血が出た。豆太は、㋔なきなき走った。いたくて、寒くて、こわかったからなぁ。

でも、大すきなじさまの死んじまうほうが、もっとこわかったから、なきなきふもとの医者様へ走った。

（令和六年度版　光村図書　国語　三下　あおぞら　斎藤《さいとう》　隆介《りゅうすけ》）

● 上の文章を読んで答えましょう。

(1) ㋐目をさましたについて答えましょう。（12×2）

① いつ目をさましましたか。

（　　　　）

② なぜ、目をさましましたか。

（　　　　）

(2) ㋐「じさまぁっ。」と㋑「じさまっ。」それぞれのときの豆太の気持ちにあてはまる文はどちらですか。（　）に、記号を書きましょう。（8×2）

（　）おどろいて、じさまを心配している。

（　）じさまに助けをもとめている。

(3) じさまは、どんな様子で㋑うなっていましたか。（12）

（　　　　）

(4) 豆太が㋒「医者様をよばなくっちゃ。」と思ったのはなぜですか。（12）

（　　　　）

(5) ㋓ねまきのまんま。はだしで走りだした豆太の気持ちを考えて書きましょう。（12）

（　　　　）

(6) ㋔なきなき走ったについて答えましょう。（12×2）

① 豆太がなきなき走ったのはなぜですか。

（　　　　）

② それでも豆太がふもとの医者様へはしったのはなぜですか。

（　　　　）

モチモチの木 (3)（全文読解《どっかい》）

名前

教科書《きょうかしょ》

「モチモチの木」を読んで答えましょう。

(1) 次の一〜五の場面をまとめた文の（　）にあてはまる言葉を、下の[　]から、それぞれえらんで書きましょう。(7×10)

	場面	内容
一	おくびょう豆太	豆太は（　）で、夜中に一人でせっちんに行けない。
二	やい、木ぃ	豆太は昼間は木の下で「（　）。」とさいそくするが、夜は、木を見るだけで（　）も出ない。
三	霜月《しもつき》二十日のばん	モチモチの木に（　）がともる。一人の子どもしか、見ることができない。それも、（　）のある子どもだけだ。
四	豆太は見た。	じさまのために（　）をよびに行く豆太。（　）みたいに体を丸めて、走った。（　）の中でふしぎなものを見た。
五	弱虫でもやさしけりゃ	おまえは「（　）を見たんだ。」とじいさまに言われた。人間、（　）さえあれば、やらなきゃならねえことは、きっとやるもんだ。

山の神様の祭り　実ぃ落とせぇ
灯《ひ》　おくびょう　医者様　小犬
ねんねこばんてん　ゆうき
しょんべん　やさしさ

(2) 次の文は上の表の一〜五のどの場面のことですか。（　）に一〜五を書きましょう。(6×5)

（　）じさまが元気になると、そのばんから、豆太は、しょんべんにじさまを起こした。

（　）くまのうなり声と思ったのは、じさまの苦しむ声だった。

（　）じさまは、豆太が「じさまあ。」って、どんなに小さい声で言っても、「しょんべんか。」と、すぐ目をさましてくれる。

（　）豆太は、冬の真夜中に、モチモチの木をたった一人で見に出るなんて、とんでもねえ話だと、はじめからあきらめた。

（　）モチモチの木の実は、こなにして、もちにして食べるとおいしい。

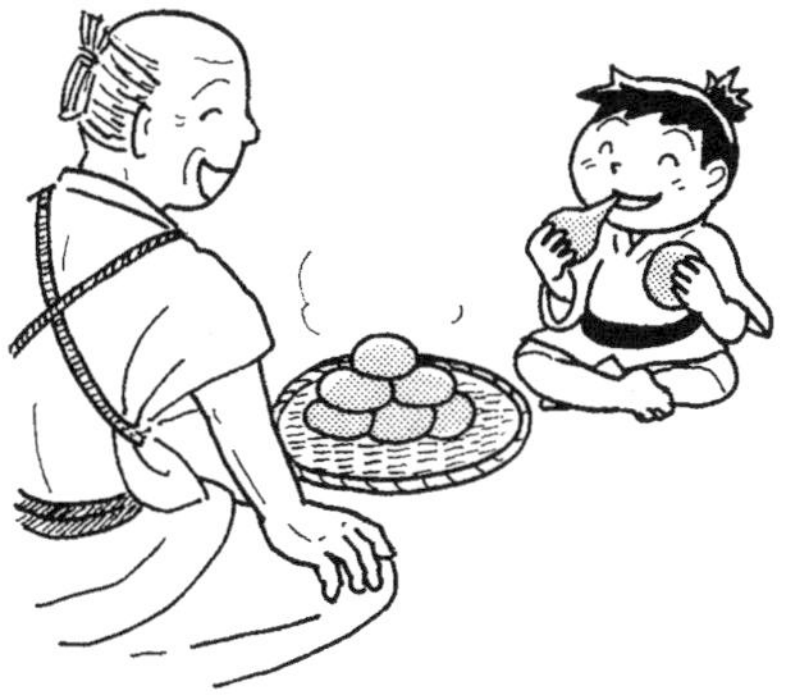

登場人物　メロディという名前のピアノ・お母さん（あの女の子）・女の子・お父さん

メロディ
――大すきな わたしのピアノ

メロディは、工場から、知らない家に運ばれました。メロディには、何が起《お》こっているのか分かりませんでした。

しばらくすると、メロディのけんばんのふたが開けられ、小さな手が、そっとけんばんにふれました。

メロディは㋐心がふるえました。

あ「お母さん、ひいてもいい。」

ド――レ――ミ――。

人さし指で、けんばんを少しおさえただけでしたが、メロディは、あわてて、せいいっぱいの音をひびかせました。

それからメロディは、小さな指がおさえるけんばんの音を、一つ一つ、一生けんめいにひびかせました。

い「㋑いいこと教えてあげようか。このピアノは、『メロディ』っていうのよ。今日は五月二十四日。お母さんとメロディのおたんじょう日なの。」

言いながら、お母さんの指が、やさしくけんばんにふれました。

う「メロディ、わたしよ。おぼえているかしら。」

お母さんは、ハッピーバースデーの曲《きょく》をひき始めました。

え「わすれるものですか。」この指は、いつもメロディをひいてくれていた、あの女の子の指です。

メロディは、昔のように、心を合わせて音をひびかせました。

お「なんてうれしそうな音かしら。――ごめんね、メロディ。さびしい思いをさせて。」

㋒その夜、メロディは、㋓なつかしい指で、たくさんの曲をひいてもらいました。お母さんをまねて、女の子も、㋔小さな指でけんばんをおさえてみました。メロディは、その音も、一つ一つ、心をこめてひびかせました。

か「このピアノが気に入ったかな。」

き「うん、とっても。お父さん、このピアノも、わたしのことが大すきみたい。」

「レッスンはつづけられるかしら。」

「だいじょうぶ。このピアノ――『メロディ』となら、きっとつづけられるわ。」

そう言うと、女の子とメロディは、㋕はずんだ音をひびかせました。

（令和六年度版　光村図書　国語　三下　あおぞら　くすのき　しげのり）

名前

● 上の文章を読んで答えましょう。

(1) あ～きは、だれが言った言葉ですか。メロディの言葉にはメ、お母さんは母、女の子は子、お父さんは父と書きましょう。（2×7）

あ（　　）　い（　　）　う（　　）　え（　　）　お（　　）　か（　　）　き（　　）

(2) メロディの㋐心がふるえたのはどんなときですか。（10）

（　　　　）

(3) ㋑いいこととはどんなことですか。二つ書きましょう。（10×2）

（　　　　）

（　　　　）

(4) ㋒その夜について答えましょう。（10×2）

① 何月何日ですか。

（　　　　）

② その夜、メロディは、どんなふうに音をひびかせましたか。

（　　　　）

(5) ㋓なつかしい指と㋔小さな指にあてはまる文を下からえらび、――線でむすびましょう。（8×2）

㋓ なつかしい指・　　・女の子の指

㋔ 小さな指　　・　　・お母さん（あの女の子）の指

(6) ㋕はずんだ音をひびかせたのは、だれとだれですか。（10×2）

（　　　　）と（　　　　）

漢字書き

漢字の広場 (1)(2)

名前

● 次の□に漢字を書きましょう。

①□《うし》が②□《な》く

③□□《ばいてん》で一④□《まん》円はらう

⑤□《うま》が二⑥□《とう》いる

⑦□《おお》い

⑧□《すく》ない

⑨□《たか》い

⑩□《つよ》い

⑪□《よわ》い

⑫□《おな》じ教室

⑬□《くび》が⑭□《なが》い

⑮□□《きいろ》

おかしを⑯□《う》る

みせで⑰□《か》う

⑱□《はね》を大きく⑲□《ひろ》げる

⑳□《もん》をくぐる

㉑□□《ちず》を見る

ぼうけんに㉒□《い》く

西の㉓□□《ほうがく》だ

一本㉔□《みち》

㉕□□《しんゆう》に会う

㉖□□《げんき》になる

㉗□《ふと》い木

㉘□□《こころぼそ》い

立ち㉙□《ど》まる

㉚□《たに》の上を㉛□《とお》る

㉜□《ゆみ》と㉝□《や》

㉞□《あ》たる

㉟□□《てんさい》だ

㊱□《まる》い㊲□《いわ》

㊳□《と》をしめる

たからものが㊴□《ひか》る

つなを㊵□《ひ》く

/40

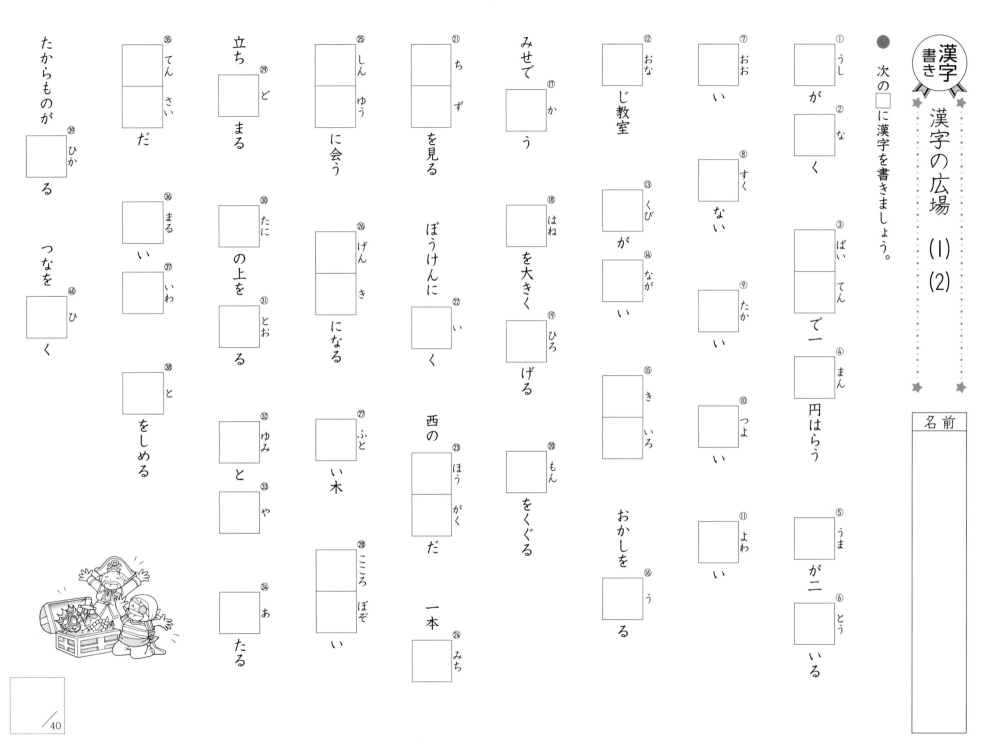

漢字書き

漢字の広場 (3) (4)

名前

● 次の□に漢字を書きましょう。

日 ①□《よう》日の ②□《あさ》 ③□《かお》をあらう ④□《あね》と ⑤□《いもうと》 ⑥□□《しつない》

人 ⑦□《ぎょう》 ⑧□□《ごぜん》と ⑨□□《ごご》 ⑩□《そと》であそぶ

なわとびを ⑪□□《なんかい》もとぶ ともだちが ⑫□《く》る ⑬□□《はんぶん》にわける

⑭□《にく》を ⑮□《き》る ⑯□《ちち》と ⑰□《はは》 ⑱□《よる》 ⑲□《おも》い出す

⑳□□《にっき》を書く ㉑□《あに》と ㉒□《おとうと》 ㉓□□《こんしゅう》の ㉔□□《とうばん》

㉕□□《まいにち》テレビ ㉖□□《ばんぐみ》 ㉗□《たの》しみだ ㉘□□□《こがたな》で ㉙□《つく》る

㉚□□《とうきょう》へ ㉛□《い》く ㉜□□□《てんもんだい》 ㉝□□□《じどうしゃ》

㉞□□《きんじょ》の ㉟□□《こうえん》 ㊱□《あたら》しい ㊲□《いえ》 ㊳□□《かっき》のある ㊴□□《いちば》

㊵□《ふる》い ㊶□《てら》 ㊷□□《ひろば》で ㊸□《はし》る ㊹□□《こうばん》

㊺□□《てんすう》を ㊻□《かぞ》える ㊼□□《せんろ》 ㊽□《ひがし》と ㊾□《にし》

㊿□《きた》と (51)□《みなみ》

/51

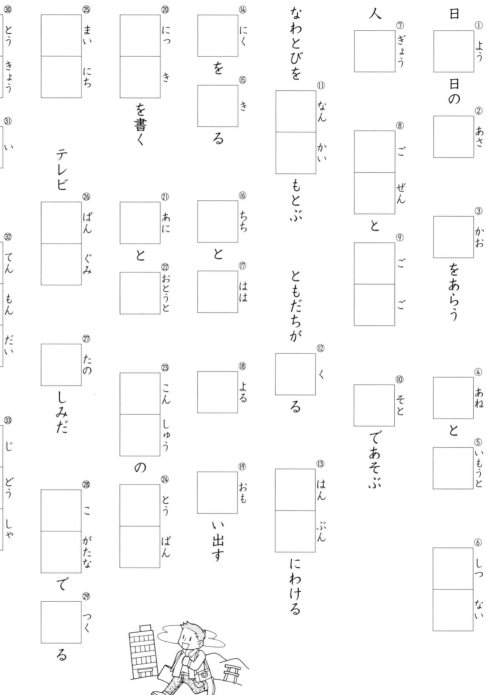

漢字書き

漢字の広場 (5)(6)

名前

● 次の□に漢字を書きましょう。

①□□《こくご》 ②□《はな》し ③□《あ》い 発 ④□《げん》を ⑤□《き》く ⑥□□《どくしょ》

⑦□《こく》板 ⑧□□《しゃかい》 ⑨□□《しんぶん》を ⑩□《よ》む ⑪□《かんが》える ⑫□《し》る

⑬□□《さんすう》 ⑭□□《けいさん》 ⑮□《おし》える ⑯□《こた》える 日 ⑰□《ちょく》

⑱□□《りか》 かん ⑲□□《でんち》の ⑳□《かい》路 音 ㉑□《がく》 ㉒□□《うたごえ》

㉓□□□□《ずがこうさく》 ㉔□《え》をかく はさみで ㉕□《き》る ㉖□□□《がようし》

㉗□《はる》 ㉘□《ひる》ごはんを ㉙□《た》べる ㉚□□《のはら》 ㉛□《とり》がとぶ

㉜□《かぜ》がふく ㉝□《は》れ ㉞□《あか》るい ㉟□《なつ》 ㊱□《うみ》 ㊲□《さかな》つり

㊳□《ふね》にのる ㊴□《たい》そう ㊵□□《むぎちゃ》 ㊶□《いわ》かげ 白い ㊷□《くも》

㊸□《あき》 ㊹□□《やまざと》を ㊺□《ある》く ㊻□《こめ》 ㊼□□《きしゃ》が ㊽□《はし》る

㊾□《とお》い ㊿□《ふゆ》 (51)□《よ》空の (52)□《ほし》 (53)□《ゆき》 (54)□《け》糸

/54

漢字読み

漢字① 読み

名前

● 次の（　）に、——線の漢字の読み方を書きましょう。（2×50）

① 詩を読む（　）
② 言葉（　）
③ 学習（　）
④ 着目する（　）
⑤ 登場人物（　）
⑥ 気持ち（　）
⑦ 旅に出る（　）
⑧ 白一色（　）
⑨ 黄金のつるぎ（　）
⑩ 始める（　）
⑪ 進む（　）
⑫ 動く（　）
⑬ 深い海（　）
⑭ 様子（　）
⑮ 空気（　）
⑯ 物語（　）
⑰ 場面（　）
⑱ 図書館（　）
⑲ 番号（　）
⑳ 調べる（　）
㉑ 使う（　）
㉒ 問い（　）
㉓ 意味（　）
㉔ 湖（　）
㉕ 漢字（　）
㉖ 自由（　）
㉗ 温かい（　）
㉘ あま酒（　）
㉙ 問題（　）
㉚ 発売（　）
㉛ 人形（　）
㉜ 文章（　）
㉝ 平気な顔をする（　）
㉞ 決める（　）
㉟ 出来事（　）
㊱ 落とす（　）
㊲ 相手（　）
㊳ 洋服（　）
㊴ 次の日（　）
㊵ 少し高くなった所（　）
㊶ 県道（　）
㊷ 有名な店（　）
㊸ 水が氷になる（　）
㊹ 一分間（　）
㊺ 六十秒（　）
㊻ 農家（　）
㊼ 仕事（　）
㊽ 野球（　）
㊾ ゆうびん局（　）
㊿ 全体（　）

／100

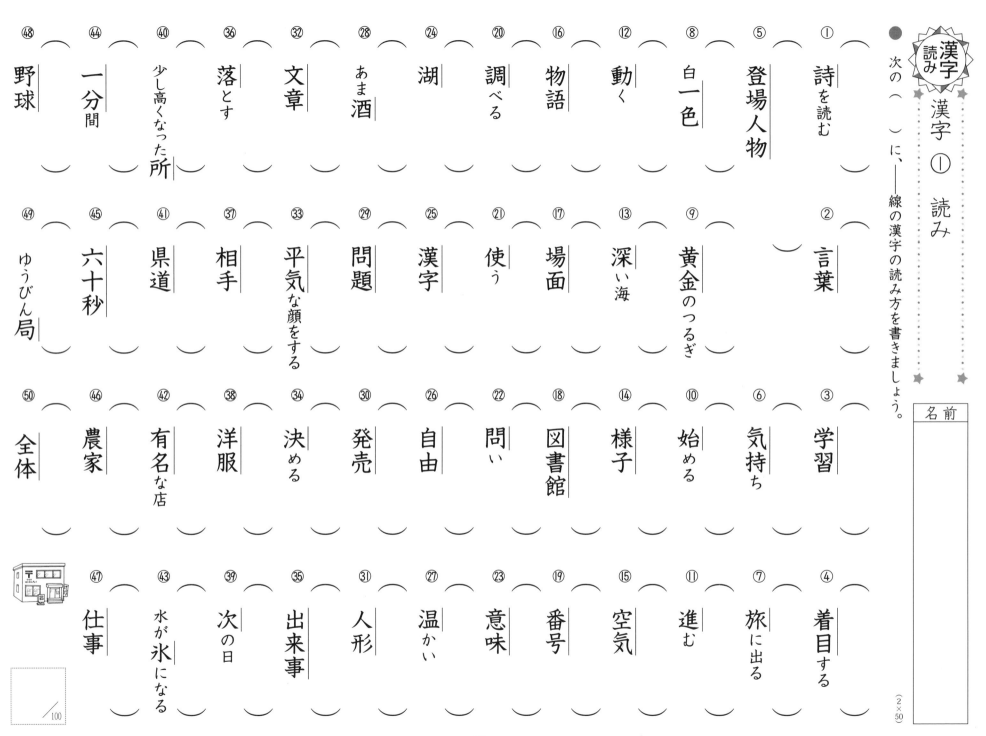

漢字書き 漢字① 書き

● 次の□に漢字を書きましょう。（2×50）

名前

① □《し》を読む
② □□《ことば》
③ □□《がくしゅう》
④ □□《ちゃくもく》する
⑤ □□□□《とうじょうじんぶつ》
⑥ □□《きも》ち
⑦ □《たび》に出る
⑧ 白□□《いっしょく》
⑨ □□《おうごん》のつるぎ
⑩ □《はじ》める
⑪ □《すす》む
⑫ □《うご》く
⑬ □《ふか》い海
⑭ □□《ようす》
⑮ □□《くうき》
⑯ □□《ものがたり》
⑰ □□《ばめん》
⑱ □□□《としょかん》
⑲ □□《ばんごう》
⑳ □《しら》べる
㉑ □《つか》う
㉒ □《と》い
㉓ □□《いみ》
㉔ □《みずうみ》
㉕ □□《かんじ》
㉖ □□《じゆう》
㉗ □《あたた》かいスープ
㉘ あま□《ざけ》
㉙ □□《もんだい》
㉚ □□《はつばい》
㉛ □□《にんぎょう》
㉜ □□《ぶんしょう》
㉝ □□《へいき》な顔をする
㉞ □《き》める
㉟ □□□《できごと》
㊱ □《お》とす
㊲ □□《あいて》
㊳ □□《ようふく》
㊴ □《つぎ》の日
㊵ 少し高くなった□《ところ》
㊶ □□《けんどう》を通る
㊷ □□《ゆうめい》な店
㊸ 水が□《こおり》になる
㊹ □□《いっぷん》間
㊺ □□□《ろくじゅうびょう》
㊻ □□《のうか》
㊼ □□《しごと》
㊽ □□《やきゅう》
㊾ ゆうびん□《きょく》
㊿ □□《ぜんたい》

/100

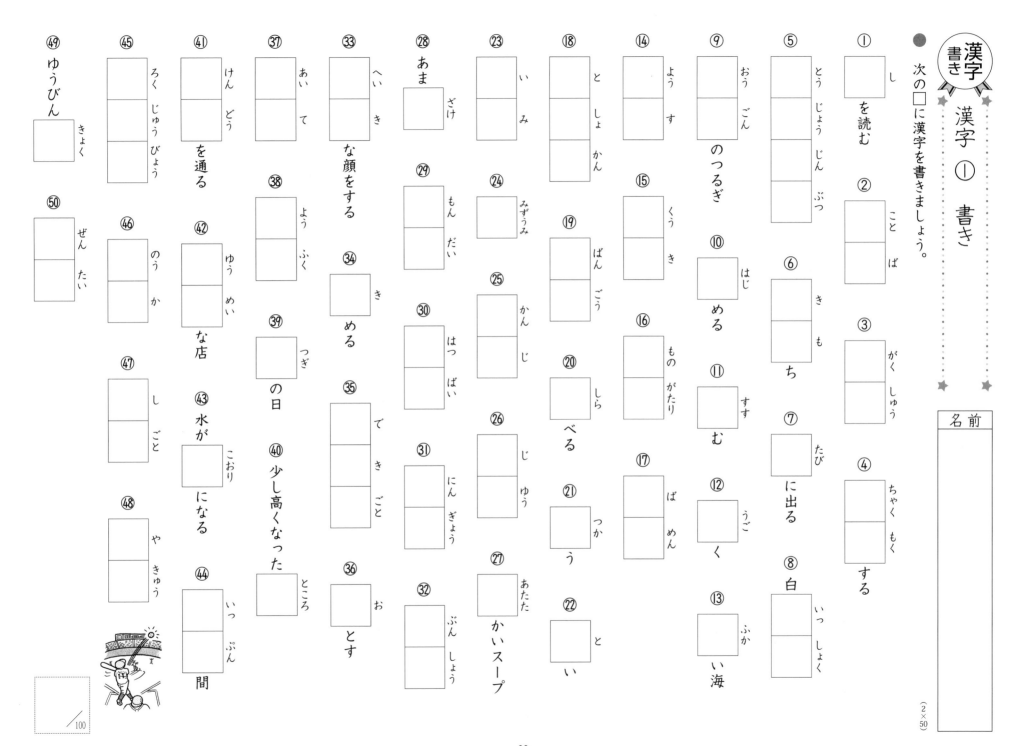

漢字読み

漢字② 読み

● 次の（　）に、――線の漢字の読み方を書きましょう。（2×50）

名前

① こま遊び（　　）
② 発見する（　　）
③ 書き表す（　　）
④ 昔（　　）
⑤ 世界中（　　）
⑥ 式を行う（　　）
⑦ 元の場所にもどす（　　）
⑧ 速さ（　　）
⑨ 横（　　）
⑩ 指（　　）
⑪ 鉄（　　）
⑫ 安定（　　）
⑬ 運動会（　　）
⑭ 予定（　　）
⑮ 八十メートル走（　　）
⑯ 送る（　　）
⑰ 住所（　　）
⑱ 絵の具（　　）
⑲ 拾う（　　）
⑳ 向かう（　　）
㉑ 坂道（　　）
㉒ 金具（　　）
㉓ 円いまど（　　）
㉔ 悲鳴（　　）
㉕ 緑色（　　）
㉖ 魚の開き（　　）
㉗ 羽ばたく（　　）
㉘ 海岸（　　）
㉙ 路線バス（　　）
㉚ 感じる（　　）
㉛ 対する（　　）
㉜ 調子がいい（　　）
㉝ 区切る（　　）
㉞ 太陽（　　）
㉟ 整える（　　）
㊱ 歌詞（　　）
㊲ 一部（　　）
㊳ 近所（　　）
㊴ 泳ぐ（　　）
㊵ 練習（　　）
㊶ 助言をもらう（　　）
㊷ 童話（　　）
㊸ 申しこむ（　　）
㊹ 引用する（　　）
㊺ 出典を調べる（　　）
㊻ 食品（　　）
㊼ 商品（　　）
㊽ お客様（　　）
㊾ 句読点をつける（　　）
㊿ 入学式（　　）

／100

漢字書き

漢字② 書き

● 次の□に漢字《かんじ》を書きましょう。（2×50）

名前

①こま□《あそ》び
②□□《はっけん》する
③書き□《あらわ》す
④□《むかし》
⑤□□□《せかいじゅう》
⑥式を□《おこな》う
⑦□《もと》の場所にもどす
⑧車の□《はや》さ
⑨□《よこ》
⑩□《ゆび》
⑪□《てつ》
⑫□□《あんてい》
⑬□□□《うんどうかい》
⑭□□《よてい》
⑮八十メートル□《そう》
⑯□《おく》る
⑰□□《じゅうしょ》
⑱絵の□《ぐ》
⑲□《ひろ》う
⑳□《む》かう
㉑□□《さかみち》
㉒□□《かなぐ》
㉓□《まる》いまど
㉔□□《ひめい》
㉕□□《みどりいろ》
㉖魚の□《ひら》き
㉗□《は》ばたく
㉘□□《かいがん》
㉙□□《ろせん》バス
㉚□《かん》じる
㉛赤組□《たい》青組
㉜□□《ちょうし》がいい
㉝□□《くぎ》る
㉞□□《たいよう》の光
㉟□《ととの》える
㊱□□《かし》をおぼえる
㊲□□《いちぶ》をとり出す
㊳□□《きんじょ》
㊴□《およ》ぐ
㊵□□《れんしゅう》
㊶□□《じょげん》をもらう
㊷□□《どうわ》
㊸□《もう》しこむ
㊹□□《いんよう》する
㊺□□《しゅってん》を調べる
㊻□□《しょくひん》
㊼□□《しょうひん》
㊽お□□《きゃくさま》
㊾□□□《くとうてん》をつける
㊿□□□《にゅうがくしき》

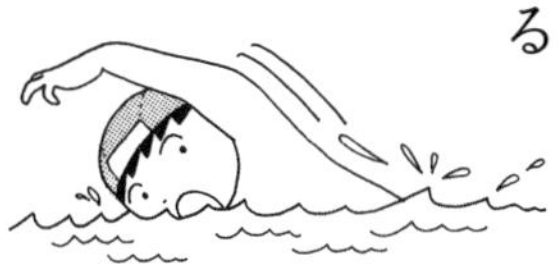

／100

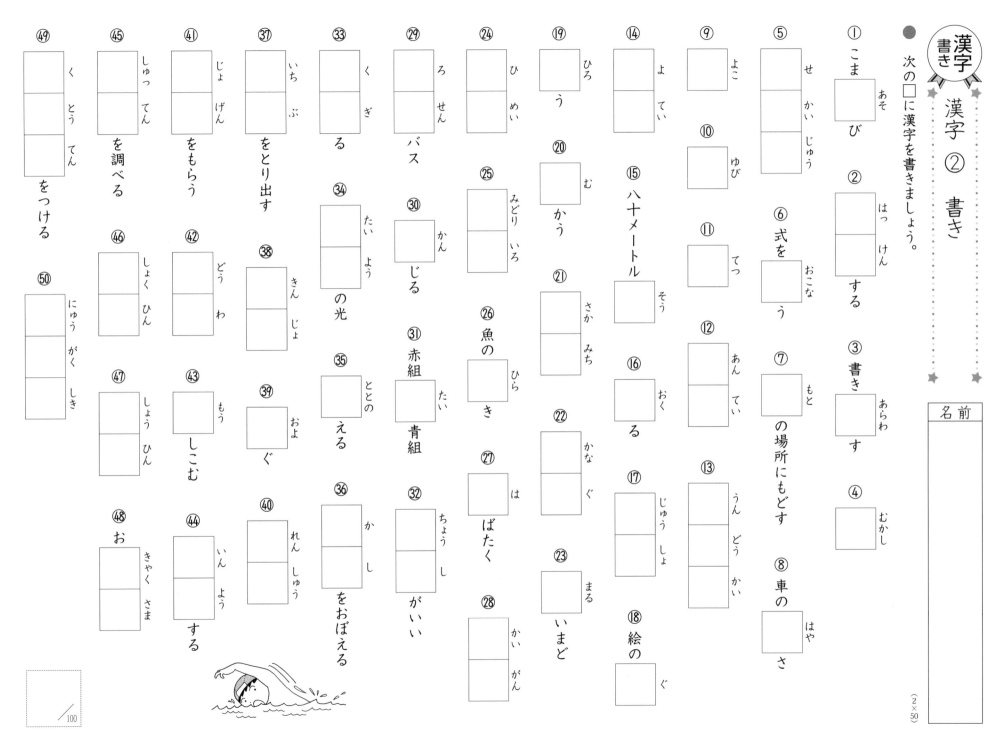

漢字読み

漢字 ③ 読み

名前

● 次の（　）に、――線の漢字の読み方を書きましょう。（2×50）

① 晴天（　　）
② 去年（　　）
③ 二倍（　　）
④ 毛筆（　　）
⑤ 銀行（　　）
⑥ 同時に見る（　　）
⑦ 新たなくらし（　　）
⑧ 植物（　　）
⑨ 集める（　　）
⑩ 化石（　　）
⑪ 地面（　　）
⑫ 死にたえる（　　）
⑬ 都合（　　）
⑭ 両手（　　）
⑮ 負ける（　　）
⑯ 係りの仕事（　　）
⑰ 全員そろう（　　）
⑱ 夏祭り（　　）
⑲ 農作業（　　）
⑳ 鉄板（　　）
㉑ 電柱（　　）
㉒ 休日（　　）
㉓ 油田（　　）
㉔ 港町（　　）
㉕ 時計（　　）
㉖ 目薬（　　）
㉗ 草笛（　　）
㉘ 雲海（　　）
㉙ 新雪がつもる（　　）
㉚ 注意する（　　）
㉛ 悪者（　　）
㉜ 感知する（　　）
㉝ 勝負する（　　）
㉞ 広大な土地（　　）
㉟ 車庫（　　）
㊱ 間近にせまる（　　）
㊲ 勉強（　　）
㊳ お昼の放送（　　）
㊴ 切手の売買（　　）
㊵ 電波（　　）
㊶ 文字を入力する（　　）
㊷ 感想（　　）
㊸ 写真（　　）
㊹ 列車（　　）
㊺ 血が出る（　　）
㊻ 暗い部屋（　　）
㊼ 橋の下（　　）
㊽ 夏は暑い（　　）
㊾ 冬は寒い（　　）
㊿ 軽い（　　）

／100

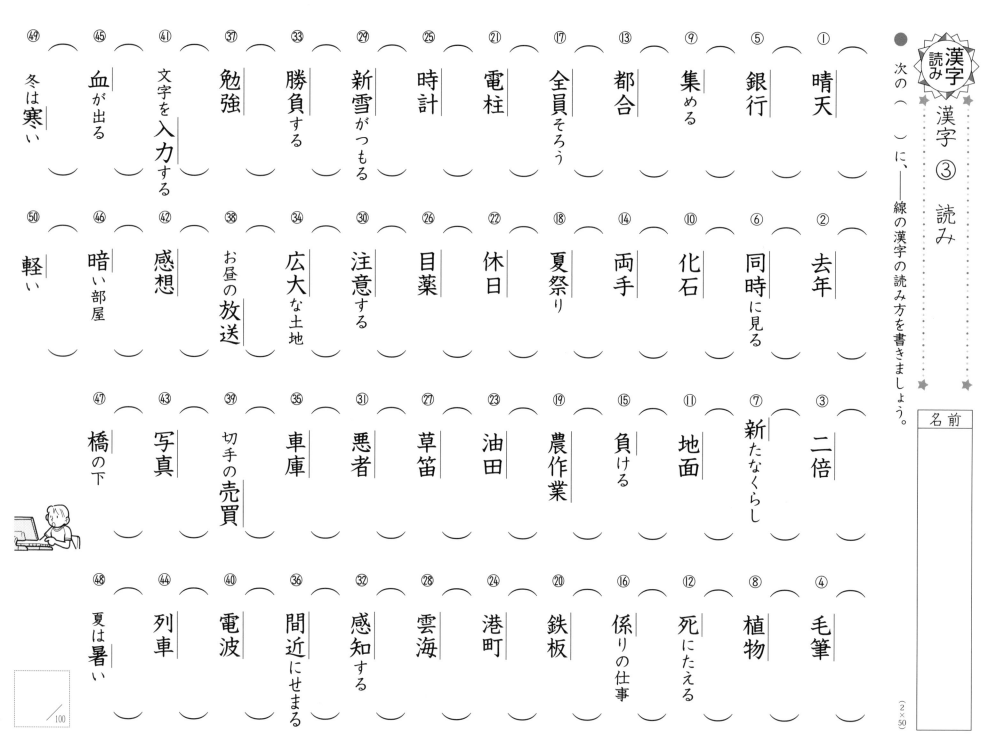

漢字書き

漢字③ 書き

● 次の□に漢字を書きましょう。（2×50）

名前

① □《せい》□《てん》

② □《きょ》□《ねん》

③ □《に》□《ばい》にふえる

④ □《もう》□《ひつ》で書く

⑤ □《ぎん》□《こう》

⑥ □《どう》□《じ》に見る

⑦ □《あら》たなくらし

⑧ □《しょく》□《ぶつ》

⑨ □《あつ》める

⑩ □《か》□《せき》

⑪ □《じ》□《めん》

⑫ □《し》にたえる

⑬ □《つ》□《ごう》

⑭ □《りょう》□《て》

⑮ □《ま》ける

⑯ □《かか》りの仕事

⑰ □《ぜん》□《いん》そろう

⑱ □《なつ》□《まつ》り

⑲ □《のう》□《さ》□《ぎょう》

⑳ □《てっ》□《ぱん》

㉑ □《でん》□《ちゅう》がたおれる

㉒ □《きゅう》□《じつ》

㉓ □《ゆ》□《でん》

㉔ □《みなと》□《まち》

㉕ □《と》□《けい》

㉖ □《め》□《ぐすり》

㉗ □《くさ》□《ぶえ》をふく

㉘ □《うん》□《かい》

㉙ □《しん》□《せつ》がつもる

㉚ □《ちゅう》□《い》する

㉛ □《わる》□《もの》

㉜ □《かん》□《ち》する

㉝ □《しょう》□《ぶ》する

㉞ □《こう》□《だい》な土地

㉟ □《しゃ》□《こ》

㊱ □《ま》□《ぢか》にせまる

㊲ □《べん》□《きょう》

㊳ お昼の□《ほう》□《そう》

㊴ 切手の□《ばい》□《ばい》

㊵ □《でん》□《ぱ》

㊶ 文字を□《にゅう》□《りょく》する

㊷ □《かん》□《そう》

㊸ □《しゃ》□《しん》

㊹ □《れっ》□《しゃ》

㊺ □《ち》が出る

㊻ □《くら》い部屋

㊼ □《はし》の下

㊽ 夏は□《あつ》い

㊾ 冬は□《さむ》い

㊿ □《かる》い

/100

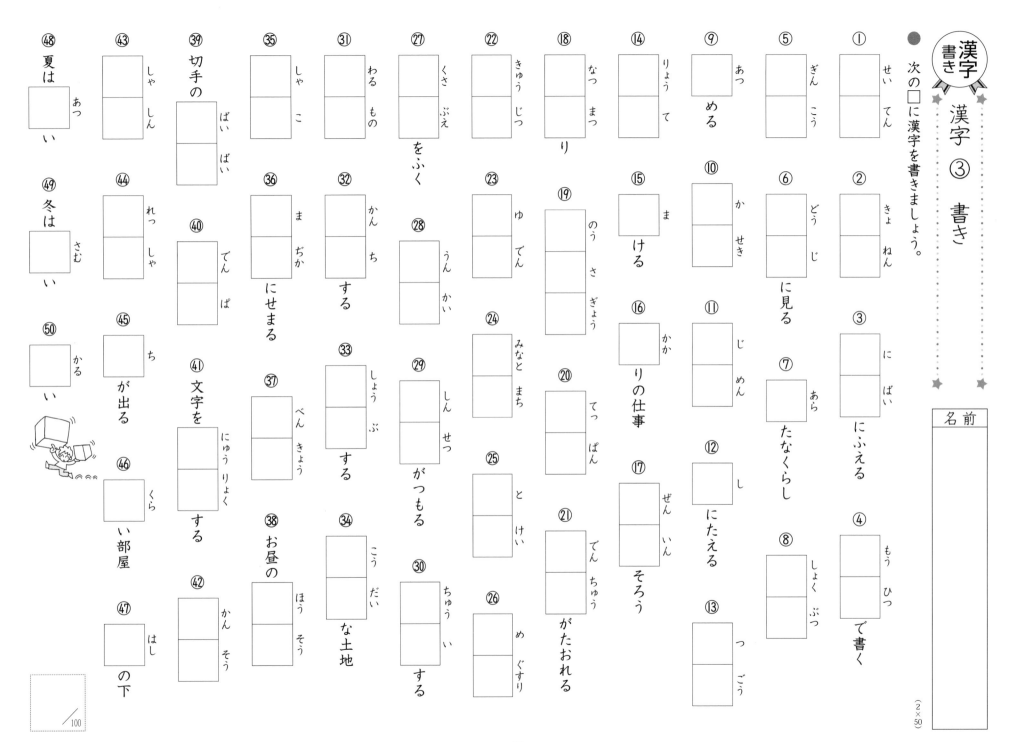

漢字読み

漢字④　読み

● 次の（　）に、——線の漢字の読み方を書きましょう。（2×50）

名前

① 女の子の命
② 第一場面
③ 読み返す
④ 主語
⑤ 九州
⑥ 屋根
⑦ 荷物
⑧ 守る
⑨ 役立つ
⑩ 風船をとばす
⑪ 新米を食べる
⑫ 大豆
⑬ 育つ
⑭ 消化のよい食べもの
⑮ 取り出す
⑯ 時期
⑰ 畑
⑱ 終わり
⑲ 福来たる
⑳ 急ぐ
㉑ 早起き
㉒ 苦労《ろう》する
㉓ 待ち合わせ
㉔ 相談
㉕ 鼻をすする
㉖ 歯をみがく
㉗ 漢字とかなを交ぜる
㉘ 中央に立つ
㉙ 学校の二階
㉚ 委員会の仕事
㉛ 学級新聞
㉜ 昭和のはじめ
㉝ 駅に行く
㉞ 文字を教わる
㉟ りんごの皮むき
㊱ 皿あらい
㊲ 短歌と俳句《はいく》
㊳ ため息
㊴ 美しい
㊵ 転ぶ
㊶ 病気
㊷ お医者様
㊸ 水を飲む
㊹ 荷物が重い
㊺ 心配する
㊻ 一度だけ
㊼ 幸せ
㊽ 交流
㊾ 水族館
㊿ 日記帳

／100

漢字書き

漢字④ 書き

● 次の□に漢字を書きましょう。 （2×50）

名前

①女の子の□《いのち》

②□□□□《だいいちばめん》

③読み□《かえ》す

④□□《しゅご》

⑤□□《きゅうしゅう》地方

⑥□□《やね》

⑦□□《にもつ》

⑧□《まも》る

⑨□□《やくだ》つ

⑩□□《ふうせん》をとばす

⑪□□《しんまい》を食べる

⑫□□《だいず》

⑬□《そだ》つ

⑭□□《しょうか》のよい食べもの

⑮□《と》り出す

⑯田植えの□□《じき》

⑰□《はたけ》

⑱□《お》わり

⑲□《ふく》来たる

⑳□《いそ》ぐ

㉑□□《はやお》き

㉒□《く》労《ろう》する

㉓□《ま》ち合わせ

㉔□□《そうだん》

㉕□《はな》をすする

㉖□《は》をみがく

㉗漢字とかなを□《ま》ぜる

㉘□□《ちゅうおう》に立つ

㉙学校の□□《にかい》

㉚□□□《いいんかい》の仕事

㉛□□《がっきゅう》新聞

㉜□□《しょうわ》のはじめ

㉝□《えき》に行く

㉞文字を□《おそ》わる

㉟りんごの□《かわ》むき

㊱□《さら》あらい

㊲□□《たんか》と俳句《はいく》

㊳ため□《いき》

㊴□《うつく》しい

㊵□《ころ》ぶ

㊶□□《びょうき》

㊷お□□《いしゃ》様

㊸水を□《の》む

㊹荷物が□《おも》い

㊺□□《しんぱい》する

㊻□□《いちど》だけ

㊼□《しあわ》せ

㊽□□《こうりゅう》

㊾□□□《すいぞくかん》

㊿□□□《にっきちょう》

/100

漢字読み

漢字⑤ 読み

● 次の（　）に、――線の漢字の読み方を書きましょう。（2×50）

名前

① 千代紙（　　）
② 曲がる（　　）
③ 投げる（　　）
④ 野球の投手（　　）
⑤ 石炭（　　）
⑥ 羊毛（　　）
⑦ 旅先の宿（　　）
⑧ 昼食を食べる（　　）
⑨ とうふ一丁（　　）
⑩ 宮大工（　　）
⑪ 古い寺院（　　）
⑫ お礼の手紙（　　）
⑬ 上等のケーキ（　　）
⑭ 反対意見（　　）
⑮ 君とぼく（　　）
⑯ バスに乗る（　　）
⑰ 家の庭（　　）
⑱ 行く手をさえぎる（　　）
⑲ 細かい文字（　　）
⑳ 自由研究（　　）
㉑ 線が交わる（　　）
㉒ ホームランを打つ（　　）
㉓ 電話を受ける（　　）
㉔ たから島（　　）
㉕ 追いかける（　　）
㉖ 木の実（　　）
㉗ 今夜の月（　　）
㉘ 山の神様（　　）
㉙ 薬箱（　　）
㉚ まちの明かり（　　）
㉛ ふろの湯（　　）
㉜ 他人（　　）
㉝ 自分自身（　　）
㉞ 部屋をかたづける（　　）
㉟ 直線（　　）
㊱ 今日は休みだ（　　）
㊲ 明日は遠足だ（　　）
㊳ 話の中心（　　）
㊴ 多少のちがい（　　）
㊵ 強弱（　　）
㊶ 学校に通う（　　）
㊷ 道から外れる（　　）
㊸ 今朝は寒い（　　）
㊹ 早朝マラソン（　　）
㊺ 総合的（　　）
㊻ 二人（　　）
㊼ 大人用のくつ（　　）
㊽ 東の空（　　）
㊾ 西の雲（　　）
㊿ 高校生（　　）

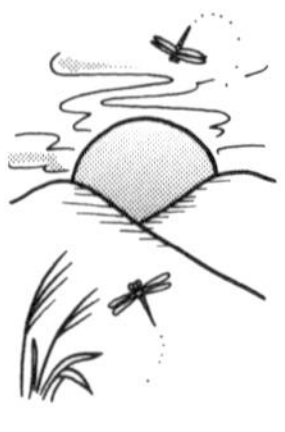

／100

漢字書き

漢字⑤ 書き

● 次の□に漢字を書きましょう。

名前

(2×50)

① □□□《ちよがみ》

② □《ま》がる

③ □《な》げる

④ 野球の□□《とうしゅ》

⑤ □□《せきたん》

⑥ ふわふわの□□《ようもう》

⑦ 旅先の□《やど》

⑧ □□《ちゅうしょく》を食べる

⑨ ○□《ちょう》目○○番地

⑩ □□□《みやだいく》

⑪ 古い□□《じいん》

⑫ お□《れい》の手紙

⑬ □□《じょうとう》のケーキ

⑭ □□《はんたい》意見

⑮ □《きみ》とぼく

⑯ バスに□《の》る

⑰ 家の□《にわ》

⑱ □《ゆ》く手をさえぎる

⑲ □《こま》かい文字

⑳ 自由□□《けんきゅう》

㉑ 線が□《まじ》わる

㉒ ホームランを□《う》つ

㉓ 電話を□《う》ける

㉔ たから□《じま》

㉕ □《お》いかける

㉖ 木の□《み》

㉗ □□《こんや》の月

㉘ 山の□□《かみさま》

㉙ □□《くすりばこ》

㉚ まちの□《あ》かり

㉛ ふろの□《ゆ》

㉜ □□《たにん》

㉝ 自分□□《じしん》

㉞ □□《へや》をかたづける

㉟ □□《ちょくせん》

㊱ □□《きょう》は休みだ

㊲ □□《あす》は遠足だ

㊳ 話の□□《ちゅうしん》

㊴ □□《たしょう》のちがい

㊵ □□《きょうじゃく》

㊶ 学校に□《かよ》う

㊷ 道から□《はず》れる

㊸ □□《けさ》は寒い

㊹ □□《そうちょう》マラソン

㊺ □□□《そうごうてき》

㊻ □□《ふたり》

㊼ □□《おとな》用のくつ

㊽ □《ひがし》の空

㊾ □《にし》の雲

㊿ □□□《こうこうせい》

/100

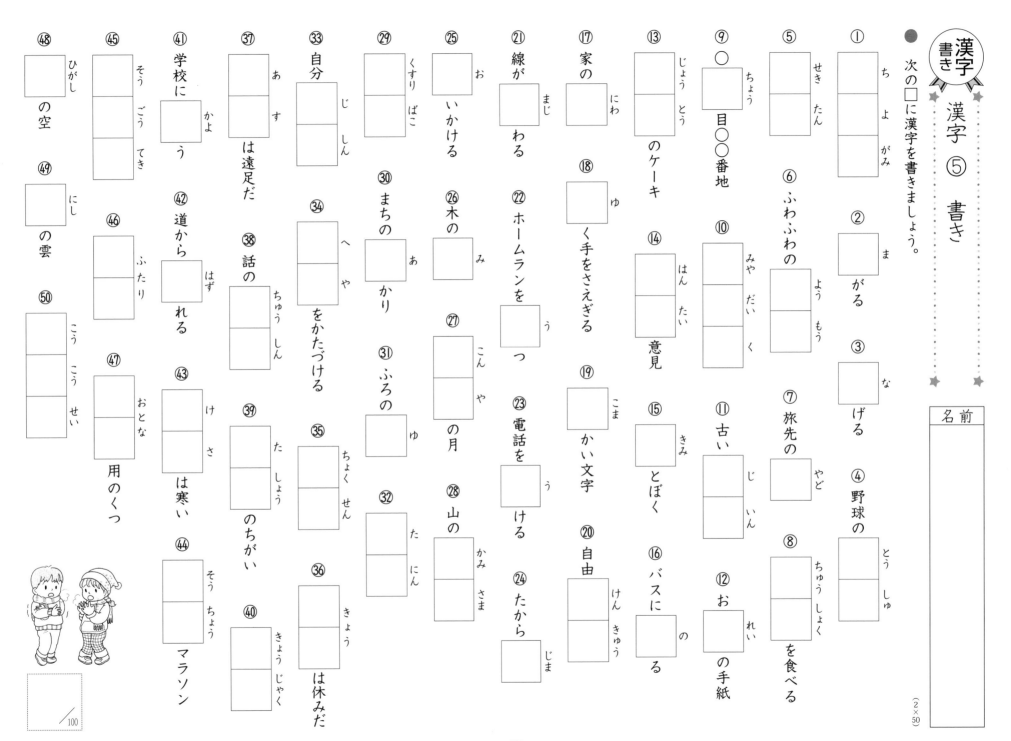

改訂版 教科書にそって学べる 国語教科書プリント3年 光村図書版 解答例

3頁

国語の学びを見わたそう
よく聞いて、じこしょうかい

名前

● 二年生で学んだこと

(1) 話すとき、聞くときには、どんなことに気をつけますか。（　）にあてはまる言葉を[　]からえらんで書きましょう。（6×6）

・つたえたいことを、「（はじめ）」「中」「（終わり）」の組み立てて話す。
・（声）の大きさや、
（速さ）に気をつけて話す。
・（しつもん）をして相手《あい》の考えを引き出す。
・（大事）なことは、書きとめる。

大事　はじめ　しつもん
終《お》わり　速《はや》さ　声

(2) 書くときに気をつけることは、どんなことですか。あてはまるもの二つに○をつけましょう。（5×2）

（○）つたえたいことは、メモして書きとめておく。

（　）「はじめ」「中」「終《お》わり」の、「はじめ」には、くわしくせつめいを書く。

（　）丸（。）や点（、）をたくさん使《つか》って書く。

（○）ないようのまとまりに気をつけて書く。

(3) つぎの文は、物語《ものがたり》や詩《し》を読むときに、気をつけるとよいことが書いてあります。（　）にあてはまる言葉を[　]からえらんで書きましょう。（6×4）

・（登場人物）のしたことや言ったことに気をつけて読む。
・「いつ」「（どこで）」に気をつけて読む。
・おこった（出来事）をたしかめながら読む。
・（自分）だったら、どうするかをかんがえながら読む。

どこで　登場人物《とうじょうじんぶつ》　自分　出来事《できごと》

(4) つぎの文は、せつめいする文章《しょう》を読むときに、気をつけるとよいことが書いてあります。（　）にあてはまる言葉を[　]からえらんで書きましょう。（6×3）

・順序《じゅんじょ》や（わけ）に気をつけて読む。
・言葉《ことば》や絵、（写真）などの使い方に気をつけて読む。
・書かれていることと、（自分）の知っていることをつなげて読む。

写真《しゃしん》　わけ　自分

● よく聞いて、じこしょうかい

(5) 自分のすきなものを一つ書いて、じこしょうかいをする文を書きましょう。（6×2）

すきなもの（略）

略

4頁

どきん

名前

どきん

谷川《たにかわ》 俊太郎《しゅんたろう》

さわってみようかなあ　つるつる
おしてみようかなあ　ゆらゆら
もすこしおそうかなあ　ぐらぐら
もいちどおそうかあ　がらがら
たおれちゃったよなあ　えへへ
いんりょくかんじるねえ　みしみし
ちきゅうはまわってるう　ぐいぐい
かぜもふいてるよお　そよそよ
あるきはじめるかあ　ひたひた
だれかがふりむいた！　どきん

（令和六年度版　光村図書　国語　三上　わかば　谷川　俊太郎）

● 上の詩を読んで答えましょう。

(1) ㋐なあについて、答えましょう。

① ほかにも同じように、音をのばすようにおわっている言葉があります。四つさがして書きましょう。（7×4）

かあ　ねえ
るう　よお

② ㋐なあのような言葉が、くりかえしつかわれていることで、どのようなかんじがしますか。一つに○をつけましょう。（6）

（　）てきぱきと、しっかりしたかんじ。

（○）のんびり、ゆったりしたかんじ。

（　）いきおいのある、いそいだかんじ。

(2) 次の①～④にあてはまる言葉を[　]からえらんで（　）に書きましょう。（7×4）

① 小さくゆれている（ゆらゆら）
② 大きくゆれている（ぐらぐら）
③ すべるようなかんじ（つるつる）
④ たおれてしまった音（がらがら）

つるつる　ゆらゆら　ぐらぐら　がらがら

(3) 六行目～十行目の中から、「つるつる」のように、くりかえしている言葉をさがして四つ書きましょう。（7×4）

（みしみし）（ぐいぐい）

（そよそよ）（ひたひた）

(4) この詩の中で、ほかの行とちがうかんじのする一行を書き出しましょう。（10）

（だれかがふりむいた！どきん）

5頁

春風をたどって (1)

名前

登場人物　りすのルウ　もの知りりす

「旅に出たいなあ。」

りすのルウは、さいきん、そんなことばかり言っています。

心をうきうきさせるような春風が、高い木のえだにすわった㋐ルウのしっぽをくすぐっていきます。

[㋑]ルウは、ふさふさしたしっぽをたいくつそうにゆらしながら、たから物のことを思い出していました。

㋒ルウのたから物は、風の強い日にどこからかとばされてきた、たくさんのしゃしんです。㋓しゃしんにうつっていたのは、青くすき通った海に、雪をかぶった白一色の山々、黄金にかがやくさばく。どれもルウが見たことのない、すばらしいけしきばかりでした。

「それにくらべて、㋔この森のけしきってさ、ぜんぜんわくわくしないよね。」

見なれたけしきをながめて、ルウはためいきをつきます。

海や雪山やさばくのことをルウに教えてくれた、森で一番のもの知りりすも、㋕それらがどこにあるのかまでは知りませんでした。ちっぽけなりすにはたどり着くことができない、遠い遠いばしょにあるのだろう、とも言っていました。

「それでもぼくは、いつかぜったい、しゃしんのけしきを見に行くんだ。」

㋖そのとき、クルル、とルウのおなかが鳴りました。そろそろお昼ごはんの時間です。ルウは、みがるに地上に下りて、お昼ごはんに食べる木のみをさがし始めました。

（令和六年度版　光村図書　国語　三上　わかば　如月《きさらぎ》　かずさ）

● 上の文章を読んで答えましょう。

(1) りすのルウは、さいきん、どんなことばかり言っていますか。（8）

（旅に出たいなあ。）

(2) ㋐ルウのしっぽをくすぐっていくのは、どんな風ですか。（8）

（心をうきうきさせるような春風。）

(3) [㋑]に入る言葉に○をつけましょう。（5）

（　）それで　（　）それなのに　（○）そのうえ

(4) ㋒ルウのたから物は何ですか。（8×3）

（風の強い）日にどこからか（とばされて）きた、たくさんの（しゃしん）です。

(5) ㋓しゃしんにうつっていたものは何ですか。三つ書きましょう。（8×3）

（青くすき通った海）

（雪をかぶった白一色の山々）

（黄金にかがやくさばく）

(6) ルウは、㋔この森のけしきのことをどのように言っていますか。（8）

（ぜんぜんわくわくしない。）

(7) ㋕それらとは、何のことですか。文中より三つさがして書きましょう。（5×3）

[海]　[雪山]　[さばく]

(8) ㋖そのときとは、ルウが何と言ったときですか。（8）

（それでもぼくは、いつかぜったい、しゃしんのけしきを見に行くんだ。）

6頁

春風をたどって (2)

名前

登場人物　りすのルウ　りすのノノン

しげみのむこうにあったのは、見わたすかぎりの㋐花ばたけでした。そこにさく花の色は、ルウが行きたいとねがっていた、しゃしんの海にそっくりな青。そのけしきのうつくしさに、ルウの口から、ほう、とためいきがこぼれました。

㋐「すごいや。この森に、こんな花ばたけがあったんだね。」

ルウはノノンに言いました。㋑ところがノノンは、ルウの声が聞こえなかったかのように、うっとりと花ばたけに見とれています。

そんなノノンの様子をながめながら、㋒ルウは思いました。ぼく一人だったら、この花ばたけを見つけることはできなかっただろうな、と。

㋑「すごいや。」

ルウは、そうくりかえしてにっこりすると、だまって花ばたけの方をむきました。さわやかな花のかおりにつつまれて、ゆったりと時がながれていきました。

しばらくたったころに、ノノンがのんびり言いました。

㋒「そろそろお昼ごはんをさがしに行こうかなあ。ルウはどうする。」

そういえば、ぼくもごはんがまだだった、とルウは思い出しました。けれど、㋓気づいたら、ルウはこう答えていました。

㋔「ぼくは、もう少しここにいることにするよ。」

㋕「分かった。じゃあ、またね。」

「うん。また話そう。」

ノノンを㋖見おくった後で、ルウは、また花ばたけをながめました。

やわらかな春風が、花たちとルウの毛を、さわさわとなでていきます。海色の花びらの上で、昼下がりの光が、きらきらかがやいています。ルウのしっぽは、いつのまにか、ゆらゆらとおどるようにゆれています。

花ばたけの空気をむねいっぱいにすいこんで、本物の海もこんないいにおいがするのかな、と㋗ルウはそうぞうしました。

（令和六年度版　光村図書　国語　三上　わかば　如月《きさらぎ》　かずさ）

● 上の文章を読んで答えましょう。

(1) ㋐～㋕はルウかノノンの、どちらが言ったことばですか。（5×6）

㋐（ルウ）㋑（ルウ）㋒（ノノン）
㋓（ルウ）㋔（ノノン）㋕（ルウ）

(2) ㋐花の色は、何とそっくりな、何色ですか。（6×2）

（しゃしんの海）にそっくりな（青）色。

(3) ㋑ところがとありますが、このときノノンは、どんな様子でしたか。（6×3）

ルウの声が（聞こえなかった）かのように、（うっとり）と花ばたけに（見とれています）。

(4) ㋒ルウは思いました。とありますが、ルウはどんなことを思いましたか。文中より書き出しましょう。（10）

（ぼく一人だったら、この花ばたけを見つけることはできなかっただろうな、と。）

(5) ㋓気づいたら、ルウは何と答えていましたか。（10）

（ぼくは、もう少しここにいることにするよ。）

(6) ノノンを㋖見おくった後で、ルウは何をしましたか。（10）

（花ばたけをながめました。）

(7) ㋗ルウはそうぞうしましたとありますが、どんなことをそうぞうしましたか。文中より書き出しましょう。（10）

（本物の海もこんないいにおいがするのかな）

解答例

本書の解答は，あくまでもひとつの例です。児童に取り組ませる前に，必ず指導される方が問題を解いてください。指導される方の作られた解答をもとに，児童の多様な考えに寄り添って○つけをお願いします。

7頁

国語辞典《じてん》を使おう (1)

(1) ① 国語辞典で「広い」を調べました。国語辞典の㋐〜㋓の→のぶぶんに何が書かれているかを□からえらんで（　）に書きましょう。(5×4)

㋐（見出し語）
㋑（漢字での書きあらわし方）
㋒（言葉の意味）
㋓（言葉の使い方）

ひろい【広い】①はばや広《ひろ》さが大《おお》きい。例道《みち》が広い／広い海《うみ》。対狭《せま》い ②およぶ範囲《はんい》が大きい。例名前《なまえ》が広く知《し》れわたる。対狭《せま》い ③こせこせしないで、ゆったりしている。例心《こころ》が広い人《ひと》。対狭《せま》い

言葉の意味　見出し語　言葉の使い方　漢字での書きあらわし方

② 次の文の「広い」「広く」は、国語辞典の㋔〜㋖のどの意味でつかわれていますか。□からえらんで（　）に書きましょう。(5×3)

（㋕）けいたい電話は、広く使われている。
（㋖）あの人は、やさしくて広い心のもちぬしだ。
（㋔）友だちは、とても広い家にすんでいる。

㋔ はばや広さが大きい。
㋕ およぶ範囲が大きい。
㋖ こせこせしないで、ゆったりしている。

(2) 国語辞典には図のように「つめ」があります。次の言葉を調べるには、「あ」〜「わ」の「つめ」のどこを開けばよいでしょうか。「あ」〜「わ」の文字で答えましょう。(5×5)

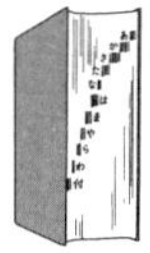

① にぎやか …（な）
② ふうりん …（は）
③ ますます …（ま）
④ とんでもない …（た）
⑤ ぜんまい …（さ）

(3) 国語辞典で見出し語が出てくるじゅんに、1、2…と（　）に番ごうを書きましょう。(5×6)

① （2）ぞう　（1）くま
② （1）とびら　（2）まど
③ （1）うつす　（3）ひらく　（2）のぼる
④ （3）まるい　（1）せまい　（2）ほそい
⑤ （3）うれしい　（2）うつくしい　（1）うすぐらい
⑥ （1）あかるい　（3）あつい　（2）あたたかい

(4) 国語辞典で見出し語が出てくるじゅんに、（　）に1から8の番ごうを書きましょう。(10)

（5）ふかい　（3）ながれる　（6）ふるい　（7）わける
（8）わらう　（1）あける　（4）なみだ　（2）しめる

7

8頁

国語辞典《じてん》を使おう (2)

(1) 次のような音《おん》を何といいますか。□からえらび、（　）に記ごうを書きましょう。(4×3)

① は、ひ、ふ、へ、ほ…など（㋑）
② ば、び、ぶ、べ、ぼ…など（㋒）
③ ぱ、ぴ、ぷ、ぺ、ぽ…など（㋐）

㋐半濁《だく》音　㋑清《せい》音　㋒濁音

(2) 国語辞典では、清音→濁音→半濁音の順《じゅん》にならんでいます。先に出てくる言葉の（　）に、○をつけましょう。(4×6)

① （　）ガラス　（○）からす
② （○）いと　（　）いど
③ （　）ざる　（○）さる
④ （○）おんぶ　（　）おんぷ
⑤ （○）かんばん　（　）かんぱん
⑥ （　）グラス　（○）クラス

(3) 国語辞典では、大きく書くかな（つ、や、ゆ、よ）→小さく書くかな（っ、ゃ、ゅ、ょ）の順でならんでいます。先に出てくる言葉の（　）に、○をつけましょう。(4×4)

① （　）びょういん　（○）びよういん
② （○）じゆう　（　）じゅう
③ （　）いしゃ　（○）いしや
④ （○）はつか　（　）はっか

(4) 国語辞典では、「ボール」「ルール」のような、のばす音がある語は、「ぼおる」「るうる」のように、「あ」「い」「う」「え」「お」におきかえられて、ならんでいます。先に出てくる言葉の（　）に、○をつけましょう。(4×4)

① （○）ルール　（　）ルビー
② （　）ライオン　（○）ラーメン
③ （　）コーヒー　（○）こうてい
④ （　）かれき　（○）カレーパン

(5) ——線の言葉を、国語辞典の見出し語の形に直して（　）に書きましょう。(4×4)

① きょうは、日記を書いた。（書く）
② みんなでハイキングに行こう。（行く）
③ ケーキを食べてしあわせな気持ちになった。（しあわせ）
④ 風が強くて、かさをさせない。（さす）

(6) ——線の言葉は、どんな漢字を使って書きますか。国語辞典で調べて（　）に書きましょう。(4×4)

① ㋐ もうすぐ、夜があける。（明ける）
　 ㋑ りょこうに出て、家を三日あける。（空ける）
② ㋐ ひさしぶりに、親友にあう。（会う）
　 ㋑ 計算の答えがあうと、気分がいい。（合う）

8

9頁

きせつの言葉 1 春のくらし

みどり

内田《うちだ》 麟太郎《りんたろう》

みどり　まみどり
こいみどり
はるの　のやまは
よりどりみどり
みどりの　ことり
みどりに　かくれ
さがせど　さがせど
こえばかり

（令和六年度版　光村図書　国語　三上　わかば　内田　麟太郎）

1 上の詩を読んで答えましょう。

(1) この詩のだいめいを書きましょう。(10)

（みどり）

(2) 「みどり」という言葉がたくさん出てきますが、「みどりに　かくれ」の「みどり」は何をさしていますか。あてはまるほうに、○をつけましょう。(10)

（○）葉のみどり　（　）いねのみどり

(3) 「こえばかり」とありますが、何の声が聞こえるのですか。(15)

（ことり）

(4) なぜ、「こえばかり」聞こえるのですか。(15)

（ことりが、のやまのみどりにうまくかくれて、すがたが見えないから。）

2 次の問いに答えましょう。

(1) □に「春」か「新」のかん字を書き入れて、つぎのやさいを春に食べられるやさいにしましょう。(5×3)

① 新じゃがいも　② 新玉ねぎ　③ 春キャベツ

(2) 春にかんけいのある言葉三つに、○をつけましょう。(5×3)

（　）いねかり　（○）めばえ　（○）なえ
（○）たねまき　（　）おちば　（　）はつゆき

(3) 春らしい食べ物四つに、○をつけましょう。(5×4)

（○）よもぎ　（　）さつまいも　（○）たらのめ　（　）くり
（　）すいか　（○）ふき　（　）かき　（○）たけのこ

9

10頁

漢字の音《おん》と訓《くん》

(1) 次の文の（　）に、「音」か「訓」のうち、どちらかあてはまる言葉を書きましょう。(4×6)

漢字の読み方には、（音）の読み方と、（訓）の読み方の、二通りがあります。

（音）には聞いただけでは意味の分かりにくいものが多く、（訓）には、聞いてすぐに意味の分かるものが多くあります。

（音）は中国で使われていた発音と同じ読み方で、（訓）は、日本で古くから使われていた読み方です。

(2) 次の漢字の読み方は、「音」か「訓」のどちらですか。○をつけましょう。(2×8)

① 朝　あさ（音・㊀訓）　ちょう（㊀音・訓）
② 親　しん（㊀音・訓）　おや（音・㊀訓）
③ 虫　むし（音・㊀訓）　ちゅう（㊀音・訓）
④ 魚　ぎょ（㊀音・訓）　さかな（音・㊀訓）

(3) ——線の漢字の読みがなを、「音」のときはカタカナで、「訓」のときはひらがなで書きましょう。(5×12)

① ㋐ 明日は遠足だ。（エンソク）
　 ㋑ 遠くの町へ行く。（とお）
② ㋐ 姉と話す。（はな）
　 ㋑ えい語で会話する。（カイワ）
③ ㋐ 読書の時間だ。（ドクショ）
　 ㋑ 教科書を読む。（よ）
④ ㋐ きゅう食が楽しみだ。（たの）
　 ㋑ 音楽のじゅぎょう。（オンガク）
⑤ ㋐ 家の前の道。（まえ）
　 ㋑ 午前中に出かける。（ゴゼンチュウ）
⑥ ㋐ 小さな池がある。（ちい）
　 ㋑ 弟は小学生だ。（ショウガクセイ）

10

11頁

文様（全文読解《ぜんぶんどっかい》）

名前

教科書《きょうかしょ》 「文様」を読んで答えましょう。

● ①段落を読んで答えましょう。

(1) 文様の多くには、どんなねがいがこめられていますか。

（いいことがありますように。）というねがい。

(2) ①段落に書かれている問いの文を書き出しましょう。

（どんなことをねがう文様があるのでしょうか。）

● ②段落を読んで答えましょう。

(3) ②段落で取り上げられている文様は、なんという文様の一つですか。書き出しましょう。

つるかめ

(4) (3)の文様は、どんなことをねがう文様ですか。答えの文を書き出しましょう。

（元気で長生きをすることをねがう文様です。）

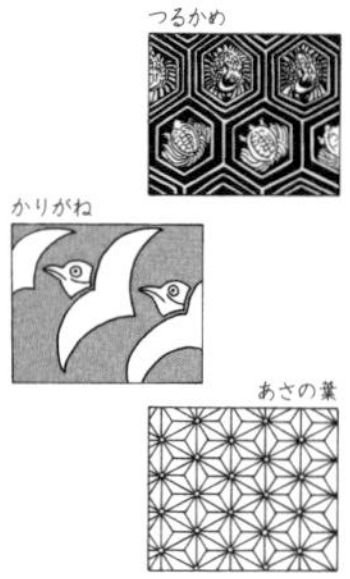

● ③段落を読んで答えましょう。

(5) ③段落で取り上げられている文様は、「かりがね」といいますが、これは、何の様子を表していますか。書き出しましょう。

（（わたり鳥の）かりがとぶ様子）

(6) 「かりがね」の文様は、どんなことをねがう文様ですか。

（しあわせがやって来ることをねがう文様。）

● ④段落を読んで答えましょう。

(7) ④段落で取り上げられている文様は、「あさの葉」です。「あさ」のとくちょうを書きましょう。

（とても生長が早く、すぐに大きくなる。）

(8) 「あさの葉」の文様は、どんなことをねがう文様ですか。

（子どもたちが元気でじょうぶにそだつことをねがう文様。）

● ⑤段落を読んで答えましょう。

(9) 次の文の中から、⑤段落に書かれていることを一つえらび、（ ）に○をつけましょう。

（ ）この文章全体の「問い」
（ ）この文章全体の「問い」の「答え」
（○）この文章全体の「まとめ」

12頁

こまを楽しむ (1)

名前

㋐昔から世界中で行われてきました。

㋐こまを回して遊ぶことは、昔から世界中で行われてきました。長い間、広く親しまれるうちに、こまには、さまざまなくふうがつみかさねられてきました。そうして、たくさんのこまが生み出されてきました。日本は、世界でいちばんこまのしゅるいが多い国だといわれています。では、どんなこまがあるのでしょう。また、どんな楽しみ方ができるのでしょう。（あ）

色がわりごまは、回っているときの色を楽しむこまです。こまの表面には、もようがえがかれています。ひねって回すと、もように使われている色がまざり合い、元の色とちがう色にかわるのが㋑とくちょうです。同じこまでも、回す速さによって、見える色がかわってきます。

（令和六年度版 光村図書 国語 三上 わかば 安藤 正樹）

● 上の文章を読んで答えましょう。

(1) ㋐昔から世界中で行われてきたことは何ですか。

（こまを回して遊ぶこと）

(2) こまが、長い間、広く親しまれるうちに、どんなことがなされてきましたか。あてはまる文二つに、○をつけましょう。

（○）さまざまなくふうが、つみかさねられた。
（ ）だんだんと、こまで遊ぶ人がへっていった。
（○）たくさんのこまが生み出された。

(3) あの文の中から「問い」にあたる文を二つ書き出しましょう。

（（では、）どんなこまがあるのでしょう。）

（（また、）どんな楽しみ方ができるのでしょう。）

(4) 色がわりごまについて答えましょう。

① 何を楽しむこまですか。文中から九文字で書き出しましょう。

回っているときの色

② ㋑とくちょうを書きましょう。

ひねって回すと、

（もように使われている色がまざり合い、元の色とちがう色にかわること。）

③ 同じこまでも、何によって見える色がかわりますか。

（回す速さ）

13頁

こまを楽しむ (2)

名前

ずぐりは、雪の上で回して楽しむこまです。ふつうのこまは、心ぼうが細いので、雪の上で回すことはできません。いっぽう、ずぐりは、雪の上で回して遊ぶことができるように、心ぼうの先が太く、丸く作られています。まず、雪に小さなくぼみを作り、わらでできたなわを使って、㋐その中になげ入れて回します。雪がふってもこまを回したいという人々の思いから、ずぐりは長く親しまれてきました。

このように、日本には、さまざまなしゅるいのこまがあります。それぞれ色も形もちがいますが、じくを中心にバランスを取りながら回るというつくりは㋑同じです。人々は、このつくりにくふうをくわえ、回る様子や回し方でさまざまな楽しみ方のできるこまをたくさん生み出してきたのです。

（令和六年度版 光村図書 国語 三上 わかば 安藤 正樹）

● 上の文章を読んで答えましょう。

(1) 雪の上で回して楽しむこまの名前を書きましょう。

（ずぐり）

(2) ふつうのこまを、雪の上で回すことができないわけを書きましょう。

（心ぼうが細いから）

(3) ずぐりは、どのように作られていますか。

（心ぼうの先が太く丸く作られている。）

(4) ずぐりの回し方を書きましょう。

① まず、何をしますか。

（雪に小さなくぼみを作る。）

② どんななわを使って回しますか。

（わらでできたなわ）

③ ㋐その中に投げ入れて回します。とありますが、何の中になげ入れるのですか。

（雪に作った小さなくぼみ）

(5) ずぐりが長く親しまれてきたのは、人々のどんな思いがあったからですか。

（雪がふってもこまを回したいという思い。）

(6) ㋑同じとありますが、どんなことが同じなのですか。

（じくを中心にバランスを取りながら回るというつくり。）

14頁

気持ちをこめて、「来てください」手紙を送ろう

名前

□1 次の手紙を読んで、答えましょう。

㋐
みどりがきれいなきせつになりました。
谷川先生、お元気ですか。わたしは元気です。
こんど、わたしが通う小学校でひらかれる、うんどうかいについて、ごあんないします。

㋑
日時　五月二十八日（土）
　午前九時から午後三時
場所　やまの小学校　運動場
わたしは、八十メートル走と花がさおどり、つな引きにでます。毎日、れんしゅうをして、おどりがうまくなりました。ぜひ、見に来てください。

㋒
五月十三日
　高野えみ
谷川あおい先生

(1) この手紙を書いた人の名前を書きましょう。

（高野えみ）

(2) 何をつたえる手紙ですか。あてはまるもの一つに○をつけましょう。

（ ）おれいの手紙
（○）あんないの手紙
（ ）おねがいの手紙

(3) はじめのあいさつは、㋐㋑㋒のどこに書いてありますか。

（㋐）

(4) ㋑には、何が書いてありますか。あてはまるもの三つに、○をつけましょう。

（○）手紙を書いた人の来てほしい気持ち
（ ）手紙を書いた日
（○）行事ですること
（ ）相手の名前
（○）行事の日時と場所

□2 次のはがきの①～⑤と、ふうとうの⑥～⑩には、何を書きますか。［ ］からえらんで（ ）に書きましょう。※同じ言葉を二回使います。

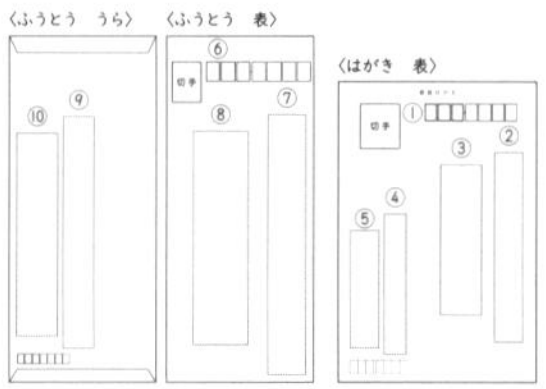

［相手の住所　自分の住所　相手の名前　自分の名前　ゆうびん番号］

・はがき
① （ゆうびん番号）
② （相手の住所）
③ （相手の名前）
④ （自分の住所）
⑤ （自分の名前）

・ふうとう
⑥ （ゆうびん番号）
⑦ （相手の住所）
⑧ （相手の名前）
⑨ （自分の住所）
⑩ （自分の名前）

本書の解答は，あくまでもひとつの例です。児童に取り組ませる前に，必ず指導される方が問題を解いてください。指導される方の作られた解答をもとに，児童の多様な考えに寄り添って○つけをお願いします。

15 頁

まいごのかぎ (1)

〔あらすじ〕
図工の時間、学校のまわりの絵をかきました。りいこは、おとうふみたいなこうしゃがさびしくて、かわいいうさぎをつけ足したら、友だちにわらわれてしまいました。りいこは、はずかしくなって、白い絵の具をぬってうさぎをけしました。うさぎにわるいことをしたと、うつむきながら歩いているとき、りいこは、かぎを拾いました。
落とした人がこまっているにちがいない。かぎを交番にとどけよう。

交番までは、もう少し。おうだん歩道をわたると　しおのかおりがしてきます。道のわきに　あみが立ててあり、魚の開きが一面にならべてありました。㋐りょうしさんがあじのひものを作っているのです。そばを通るとき、中の一ぴきに、円いあなが空いているのに㋑気がつきました。

㋒「お魚に、かぎあななんて。」

へんだと思いながら、見ればば見るほど、やはり、ただのあなではなさそうです。いつしかすいこまれるように、㋓かぎをさしこんでいました。

カチャッ。たちまち、あじの開きは、小さなかもめみたいに、羽ばたき始めます。あっけにとられているうちに、あじは、目の前でふわふわとうかび上がりました。

りいこは、あわててとびつき、㋔かぎを引きぬきました。開きは、元のあみの上に、ぽとりと落ちました。

「あぶない。海にかえっちゃうとこだった。」

わたし、やっぱりよけいなことばかりしてしまう。りいこは、㋕悲しくなりました。早く㋖交番にとどけよう。


（令和六年度版　光村図書　国語　三上　わかば　斉藤《さいとう》　倫《りん》）

名前

● 上の文章を読んで答えましょう。

(1) ㋐りょうしさんは、何を作っていますか。 (15)
（あじのひもの）

(2) ㋑気がつきました　とありますが、だれが何に気がつきましたか。 (15×2)
・だれ（りいこ）
・何に（あじのひものの中の一ぴきに円いあなが空いていること。）

(3) ㋒へんだ　と思ったりいこの言葉を、文中から書き出しましょう。 (15)
（お魚に、かぎあななんて。）

(4) りいこは、ひもののあなに、㋓かぎをさしこんで、㋔かぎを引きぬきました。どんなことがおこりましたか。お話のじゅんになるように、（　）に数字を書きましょう。 (10)
（2）目の前でふわふわとうかびあがりました。
（1）羽ばたき始めます。
（3）元のあみの上に、ぽとりと落ちました。

(5) りいこは、㋕悲しくなりましたとありますが、なぜ悲しくなったのですか。そのことがわかる文を、文中から書き出しましょう。 (15)
（わたし、やっぱりよけいなことばかりしてしまう。）

(6) ㋖交番にとどけようとありますが。何を交番にとどけるのですか。 (15)
（かぎ）

16 頁

まいごのかぎ (2)

海岸通りをいそぎ始めたとき、ふとバスていのかんばんが目に入りました。「バス」という字の「バ」の点が、なぜか三つあるのです。その一つが、かぎあなに見えました。

「どうしよう。」

㋐りいこはまよいました。よけいなことはやめよう。そう思ったばかりです。そのとき、点の一つが、ぱちっとまたたきました。

「これで、さいごだからね。」

いつしか　りいこは、かんばんの前でせのびをしていました。カチンと音がして、かぎが回りました。ところが、㋑何もおこりません。

ほっとしたような、がっかりしたような気持ちで、バスの時こく表を見て、りいこは㋒「あっ。」と言いました。数字が、ありのように、ぞろぞろ動いているのです。五時九十二分とか、四十六時八百七分とか、㋓とんでもないとうちゃく時こくになっています。

「すごい。」

りいこは、目をかがやかせました。でも、すぐに、わくわくした自分がいやになりました。りいこは、かぎをぬきとりました。

「あれ。どうして。」

時こく表の数字は、元には、もどりませんでした。

りいこは㋔こわくなって、にげるようにかけだしました。交番のある方へすなはまを横切ろうと、石だんを下りかけると、国道のずっと向こうから、車の音が聞こえてきます。ふり向くと、㋕バスが十何台も、おだんごみたいにぎゅうぎゅうになって、やって来るのです。

「わたしが、時こく表をめちゃくちゃにしたせいだ。」

どうしよう。もう、交番にも行けない。おまわりさんにしかられる。りいこは、かぎをぎゅっとにぎりしめて、立ちすくんでしまいました。


（令和六年度版　光村図書　国語　三上　わかば　斉藤《さいとう》　倫《りん》）

名前

● 上の文章を読んで答えましょう。

(1) 海岸通りをいそぎ始めたのは、だれですか。 (10)
（りいこ）

(2) ㋐りいこはまよいました　とありますが、何をまよったのですか。あてはまる方に○をつけましょう。 (10)
（　）バスていのかんばんの「バ」の字の点の数が、二つか三つか。

（○）バスていのかんばんの「バ」の字の点のひとつに、かぎをさすかささないか。

(3) ㋑何もおこりません　とありますが、このときのりいこの気持ちを、文中から書き出しましょう。 (15)
（ほっとしたような、がっかりしたような）気持ち。

(4) りいこが㋒「あっ。」と言ったのはなぜですか。 (15)
（時こく表の数字が、ありのようにぞろぞろ動いているから。）

(5) ㋓とんでもないとうちゃく時こくを文中からさがして二つ書きましょう。 (10×2)
（五時九十二分）（四十六時八百七分）

(6) りいこが㋔こわくなって、にげるようにかけだしたのはなぜですか。 (15)
（（かぎをぬいても）時こく表の数字は、元には、もどらなかったから。）

(7) ㋕バスが十何台もやって来るのは、何のせいだと、りいこは思っていますか。そのことがわかる文を、文中から書き出しましょう。 (15)
（わたしが、時こく表をめちゃくちゃにしたせいだ。）

17 頁

まいごのかぎ (3)

㋐きみょうなことは、さらにおこりました。つながってきたバスが、りいこの前で止まり、クラクションを、ファ、ファ、ファーン、と、がっそうするように鳴らしたのです。そして、リズムに合わせて、くるくると、向きや順番《じゅん》をかえ始めました。りいこは、目をぱちぱちしながら、そのダンスに見とれていました。

「なんだか、とても楽しそう。」

そして、㋑はっと気づいたのです。もしかしたら、あのさくらの木も、楽しかったのかもしれない。どんぐりの　みをつけたのは、きっと春がすぎても、みんなと遊びたかったからなんだ。ベンチも、たまには公園でねころびたいだろうし、あじだって、いちどは青い空をとびたかったんだ。

㋒「みんなも、すきに走ってみたかったんだね。」

しばらくして、バスはまんぞくしたかのように、一台一台といつもの路線に帰っていきました。そのとき、一つのまどの中に、りいこは㋓たしかに見たのです。図工の時間にけしてしまった、あのうさぎが、うれしそうにこちらに手をふっているのを。

りいこもうれしくなって、大きく手をふりかえしました。にぎっていたはずのかぎは、㋔いつのまにか、かげも形もなくなっていました。りいこは、夕日にそまりだした空の中で、いつまでも、㋕その手をふりつづけていました。


（令和六年度版　光村図書　国語　三上　わかば　斉藤《さいとう》　倫《りん》）

名前

● 上の文章を読んで答えましょう。

(1) ㋐きみょうなことは、さらにおこりました。とありますが、どんなことがおこりましたか。二つに○をつけましょう。 (10×2)
（○）バスがリズムに合わせて、くるくると、向きや順番をかえ始めたこと。

（　）つながってきたバスが、クラクションを鳴らして、りいこの前を通りすぎたこと。

（○）つながってきたバスが、りいこの前で止まり、クラクションをがっそうするように鳴らしたこと。

(2) りいこが、㋑はっと気づいたのは、どんなことですか。（　）に書きましょう。 (10×3)
・さくらの木
春がすぎても、（みんなと遊びたかった）こと。
・ベンチ
（公園でねころびたい）こと。
・あじ
（青い空をとびたかった）こと。

(3) ㋒みんなとは、何のことですか。また、みんなは何をしてみたかったんだと、りいこは思いましたか。 (10×2)
・みんな（バス）
・してみたかったこと
（すきに走ってみたかった。）

(4) りいこは、何を㋓たしかに見たのですか。 (10)
（（図工の時間にけしてしまった、あの）うさぎが、うれしそうにこちらに手をふっている様子）

(5) かぎは、㋔いつのまにか、どうなっていましたか。 (10)
（かげも形もなくなっていました。）

(6) りいこは、㋕その手をだれにふりつづけていましたか。 (10)
（うさぎ）

18 頁

俳句《はいく》を楽しもう

㋐ 山路《じ》来て何やらゆかしすみれ草《ぐさ》
松尾《まつお》　芭蕉《ばしょう》
山道を歩いてきたら、ふと見つけた道ばたのすみれ草に、なんとなく心が引かれるよ。

㋑ 閑《しず》かさや岩にしみ入る蟬《せみ》の声
松尾　芭蕉
なんてしずかなんだろう。その中で、せみの声だけが、まるで岩の中にしみていくように聞こえている。

㋒ 菜《な》の花や月は東に日は西に
与謝《よさ》　蕪村《ぶそん》
見わたすかぎりの菜の花ばたけ。月は東の空からのぼり始め、太陽は西にしずんでいく。

㋓ 夏山や一足《ひとあし》づつに海見ゆる
小林《こばし》　一茶《いっさ》
山を登り、ちょうじょうが近づいてきた。一歩進むごとに、明るい夏の海が見えてくる。

㋔ 雪とけて村いっぱい《いっぱい》の子どもかな
小林　一茶

（令和六年度版　光村図書　国語　三上　わかば　「俳句を楽しもう」による）

名前

● 上の俳句《はいく》や文章を読んで答えましょう。

(1) （　）にあてはまる言葉を［　］からえらんで書きましょう。 (5×4)
俳句は（五・七・五）の（十七音）で作られた（短い詩）です。ふつうは（季語）というきせつを表す言葉が入っています。

［十七音　五・七・五　短い詩　季語《きご》］

(2) 五・七・五の音で、調子よく読めるように、㋐～㋔の俳句を、／線で区切りましょう。 (8×5)
㋐ 山路来て／何やらゆかし／すみれ草
㋑ 閑かさや／岩にしみいる／蟬の声
㋒ 菜の花や／月は東に／日は西に
㋓ 夏山や／一足づつに／海見ゆる
㋔ 雪とけて／村いっぱいの／子どもかな

(3) ㋐～㋓の俳句の季語ときせつをまとめました。（　）にあてはまる言葉を書きましょう。 (5×5)

	季語	きせつ
㋐	（すみれ草）	（春）
㋑	（蟬の声）	（夏）
㋒	（菜の花）	（春）
㋓	（夏山）	（夏）

(4) 次の文は、㋔の俳句をせつ明した文です。（　）にあてはまる言葉を［　］からえらんで書きましょう。 (5×3)
（春）になったので、（雪）がとけて、（子どもたち）がいっせいに外に出てきて、村中にあふれかえっているよ。

［子どもたち　雪　春］

19頁

こそあど言葉を使いこなそう (1)

名前

(1) 絵を見て（　）にあてはまる言葉を[　]からえらんで書きましょう。(5×4)

① あなたが持っている（その）ペンを、かしてください。

② 今使っている（この）ペンは、とても書きやすい。

③ 向こうのつくえの上にある（あの）ペンは、だれのかな。

④ （どの）ペンを使おうか、なやんだ。

[この　その　あの　どの]

(2) 【　】の中の正しいほうの言葉を、○でかこみましょう。(5×5)

① 「これ」「この」は、自分からも相手からも【(近い)　遠い】ときに使う言葉です。

② 「それ」「その」は、自分からは【近く　(遠く)】、相手からは【(近い)　遠い】ときに使う言葉です。

③ 「あれ」「あの」は、自分からも相手からも【近い　(遠い)】ときに使う言葉です。

④ 「どれ」「どの」は、指し示すものが【はっきりしている　(はっきりしていない)】ときに使う言葉です。
（または、たずねるときにも使います。）

(3) 次の表は「こそあど」言葉の使い分けをまとめたものです。（　）にあてはまる言葉を[　]からえらんで書きましょう。(5×11)

	物事	場所	方向	様子
こ　話し手に近い場合	これ　①（この）	ここ	こちら　⑥（こっち）	こう　⑨（こんな）
そ　相手に近い場合	その　②（それ）	④（そこ）	そちら　そっち	そう　⑩（そんな）
あ　どちらからも遠い場合	あれ　③（あの）	あそこ	あっち　⑦（あちら）	あんな　ああ
ど　はっきりしない場合	どの　どれ	⑤（どこ）	どちら　⑧（どっち）	どう　⑪（どんな）

[こんな　こっち　この　そこ　あちら　それ　どんな　そんな　どっち　どこ　あの]

20頁

こそあど言葉を使いこなそう (2)

名前

(1) 次の文にあてはまるこそあど言葉を[　]からえらんで（　）に書きましょう。(5×5)

① あなたのかばんは（どれ）ですか。

② （あちら）にふじ山が見えます。

③ 一階か二階、（どちら）に行けばいいですか。

④ （この）テーブルで、いっしょに食べましょう。

⑤ （その）えんぴつをかしてください。

[その　この　どれ　あちら　どちら]

(2) 次の②文の——線の部分を、こそあど言葉を使ってみじかくし、全文を（　）に書き直しましょう。(10×2)

① たんじょう日に、スカートを買ってもらった。あした、わたしは、たんじょう日に買ってもらったスカートをはいて、母とえいがをみに行く。

（たんじょう日に、スカートを買ってもらった。あした、わたしは、それをはいて、母とえいがをみに行く。）

② あのつくえの上におかきがあります。あのつくえの上のおかきは、姉のおやつです。

（あのつくえの上におかきがあります。あれは、姉のおやつです。）

(3) 次の文のこそあど言葉で、正しい方に○をつけましょう。(5×3)

① りんごとみかん、{(○)どっち　(　)あっち}を食べたいですか。

② 川は{(　)そう　(○)どう}やってわたればいいのだろう。

③ {(　)どこに　(○)あそこに}きれいな星が見えます。

(4) 次の文のこそあど言葉に——線を引き、それが指す言葉を（　）に書きましょう。(4×10)

① これは、わたしが作ったケーキです。
（ケーキ）

② 公園に行きました。そこで、友だちと遊びました。
（公園）

③ お父さんが、おべんとうを作ってくれた。それをもって、遠足に行った。
（(おとうさんが作ってくれた)おべんとう）

④ むこうに高いビルが見える。あそこで父は、はたらいている。
（(高い) ビル）

⑤ すてきなマフラーですね。わたしも、そんなマフラーがほしいです。
（すてきな）

21頁

仕事のくふう、見つけたよ

名前

● 次の土川さんがほうこくする文章を読んで答えましょう。

スーパーマーケットの商品のならべ方のくふう

土川　りえ

1. 調べたきっかけや理由

　わたしは、家の人に買い物をたのまれて、よくスーパーマーケットに行きます。いつも、どのように商品をならべるのかが気になっていました。そこで、商品のならべ方のくふうについて、調べることにしました。

2. 調べ方

　本を読んでスーパーマーケットについて調べてから、ひかりスーパーの見学をしました。また、店長の木村さんに話をうかがいました。

3. 調べて分かったこと

(1)せんでんした商品のおき方

　「スーパーマーケットの仕事」という本に、「商品は、ちらしてせんでんする」と書いてあったので、まず、そのことについて木村さんに話をうかがいました。

　ひかりスーパーでは、ちらしでせんでんした商品の前に、「おすすめ品」と書いたふだを立てて売っているそうです。木村さんは、「おすすめ品は、お客様がよく通る場所に、できるだけ広くおくようにして目立たせます。」とおっしゃっていました。

4. まとめ

　スーパーマーケットで何気なく見ていたたなにも、一つ一つくふうがあることを知りました。とくに、おすすめ品を目立たせるために、商品をおく場所や広さを考えていることに、おどろきました。こんど、スーパーマーケットに行くときは、お店の人のくふうをさがしながら買い物をしたいと思います。

〈使った本〉今野春道「スーパーマーケットの仕事」○○図書、2024年、58ページ

（令和六年度版　光村図書　国語　三上　わかば　「仕事のくふう、見つけたよ」による）

1 「調べたきっかけや理由」について答えましょう。

● 土川さんが、スーパーマーケットで気になっていたことは何ですか。(15)

（どのように商品をならべるのか。）

2 「調べ方」について答えましょう。

● どんなことが書かれていますか。正しい方に○をつけましょう。(14)

（　）ひかりスーパーの見学はせず、店長の木村さんに話をうかがった。

（○）まず、本を読んでスーパーマーケットについて調べた。

3 「調べて分かったこと」について答えましょう。

① ひかりスーパーでは、ちらしでせんでんした商品の前に、何と書いたふだを立てていますか。(15)

（おすすめ品）

② おすすめ品をおく「くふう」について、あてはまる言葉を[　]からえらんで（　）に書きましょう。(14×3)

お客様が（よく通る）場所に、できるだけ（広く）おくようにして（目立たせ）ます。

[広く　目立たせ　よく通る]

4 「まとめ」について答えましょう

● どんなことが書かれていますか。一つに○をつけましょう。(14)

（　）木村さんが全体を通して思ったこと。

（　）スーパーマーケットを調べた理由。

（○）土川さんが全体を通して思ったこと。

22頁

きせつの言葉2　夏のくらし

名前

はなび

鶴《つる》見《み》　正《まさ》夫《お》

ひの　はな
さけ　さけ
なつの　よるの　にわに

さいて　ちって
ちって　きえて
きえても　まだ　のこる

とじた　めの　なかに
ふしぎな　ひの　はな
いま　さいた　はなび

（令和六年度版　光村図書　国語　三上　わかば　鶴見　正夫）

1 上の詩を読んで答えましょう。

(1) この詩のだい名を、かん字で書きましょう。(10)

（花火）

(2) 「ひの　はな」を、かん字二字とひらがな一字で書きましょう。(10)

（火の花）

(3) 「さいて　ちって　ちって　きえて」とありますが、「ひの　はな」のどんな様子をあらわしていますか。あてはまるほうに、○をつけましょう。(10)

（　）花火がひらいて、どんどん広がりつづける様子。

（○）花火がさいて広がってそして、きえていくようす。

(4) 「きえても　まだ　のこる」について答えましょう。(10×2)

① 何が「きえても　まだ　のこる」のですか。

（はなび (ひの　はな)）

② どこにのこるのですか。

（(とじた) めの　なか）

2 次の問いに答えましょう。

(1) あつい夏をのり切るためのくふう五つに、○をつけましょう。(5×5)

（　）のれん　（○）ふうりん
（○）あみ戸　（○）水うち
（　）こたつ　（○）せんぷうき
（○）すだれ　（　）花見

(2) 夏らしい食べ物五つに、○をつけましょう。(5×5)

（○）そうめん　（　）くり
（　）さくらもち　（○）かき氷
（○）ところてん　（○）白玉
（○）水ようかん　（　）おせち

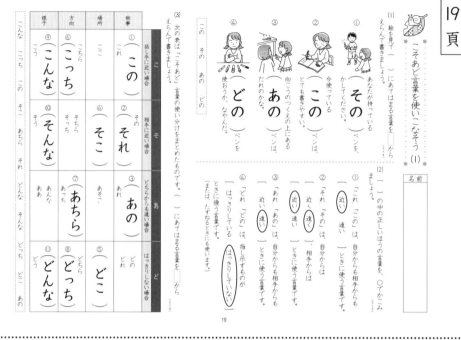

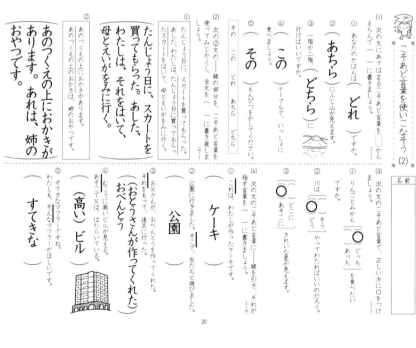

解答例

本書の解答は，あくまでもひとつの例です。児童に取り組ませる前に，必ず指導される方が問題を解いてください。指導される方の作られた解答をもとに，児童の多様な考えに寄り添って○つけをお願いします。

23頁

鳥になったきょうりゅうの話 (1)

あなたは、きょうりゅうの化石を見たことがありますか。

はくぶつ館などにあるきょうりゅうのほねの化石を見ると、わたしたちは、その大きさに㋐びっくりさせられます。こんなに大きな生き物たちが、㋑本当にいたのです。

きょうりゅうがすんでいたのは、ずうっとずうっと大昔のことです。㋒そのころの地球はとてもあたたかくて、きょうりゅうたちにとってはくらしやすい所だったのです。

きょうりゅうには、植物を食べるものや、ほかのきょうりゅうをおそって食べる肉食のものなど、いろいろなしゅるいがいました。見た目もさまざまで、体がかたいうろこにおおわれているものもいれば、ふさふさとした羽《う》毛が生えているもの、㋓そのりょうほうをもつものもいました。

（令和六年度版　光村図書　国語　三上　わかば　大島《おおしま》　英太郎《えいたろう》）

名前

● 上の文章を読んで答えましょう。

(1) つぎの文は、化石をせつめいした文です。あてはまる方に、○をつけましょう。 (10)

（　）石で作ったきょうりゅうのもけい。

（○）大昔の生き物が地中にうずもれて、石のようにかたくなったもの。

(2) わたしたちは、何に㋐びっくりさせられるのですか。 (15)

（（きょうりゅうの）大きさ）

(3) ㋑本当にいたということは、なぜわかるのですか。 (15)

（きょうりゅうのほねの化石を見ることができるから）

(4) ㋒そのころについて答えましょう。

① そのころとは、いつのことですか。 (10)

（ずうっとずうっと大昔）

② そのころの、地球の様子を書きましょう。 (10)

（とてもあたたかくて、きょうりゅうたちにとってはくらしやすい所。）

(5) 大昔には、どんなものを食べるきょうりゅうがいましたか。二つ書きましょう。 (10×2)

（植物を食べるもの）

（ほかのきょうりゅうをおそって食べる肉食のもの。）

(6) ㋓そのりょうほうとありますが、何と何のことですか。二つ書きましょう。 (10×2)

（かたいうろこ）

（ふさふさとした羽毛）

24頁

鳥になったきょうりゅうの話 (2)

ところで、きょうりゅうは、みな大きかったわけではありません。なかには、ねこや犬ぐらいの大きさのきょうりゅうもいて、すばやく走り回りながら、とかげやねずみに にた動物などをつかまえて食べていました。これらの小さなきょうりゅうたちにも、羽毛が生えているものがいました。

㋐やがてそれらの中に、木の上でくらすものがあらわれました。木の上なら、地面の上とちがって てきにおそわれることも少ないし、えさとなる虫などもたくさんいたからです。

㋑これらのきょうりゅうは、体がかるかったので、手あしをバタバタと動かして木に登ることができました。

㋒木の上で生活を始めたきょうりゅうたちの㋓しそんは、とても長い年月《としつき》がたつうちに、木から木へととびうつってくらすようになりました。

（令和六年度版　光村図書　国語　三上　わかば　大島《おおしま》　英太郎《えいたろう》）

名前

● 上の文章を読んで答えましょう。

(1) ねこや犬ぐらいの大きさのきょうりゅうは、どのように、何をつかまえて食べていましたか。 (15)

（すばやく走り回りながら、とかげやねずみににた動物など）をつかまえて食べていました。

(2) ㋐それらとは、何をさしていますか。 (15)

（羽毛が生えている小さなきょうりゅう。）

(3) 地面の上とくらべて、木の上でくらすとよいところを、二つ書きましょう。 (12×2)

（てきにおそわれることが少ない。）

（えさとなる虫などもたくさんいた。）

(4) ㋑これらのきょうりゅうについて答えましょう。

① 何をすることができましたか。 (12×2)

（手あしをバタバタと動かして木に登ること。）

② なぜ①をすることができましたか。

（体がかるかったから。）

(5) ㋒木の上で生活を始めたきょうりゅうたちのしそんは、どのようにくらすようになりましたか。 (12)

（木から木へととびうつってくらすようになった。）

(6) ㋓しそんの意味に、あてはまる方に○をつけましょう。 (10)

（　）親のこと。

（○）子やまご。後に生まれたもの。

25頁

鳥になったきょうりゅうの話 (3)

そして、それらのしそんの中には、手あしに生えている羽《う》毛が長くのびて、つばさの形になったものがあらわれたのです。

やがて、㋐空をとべるようになったきょうりゅうたちは、食べ物をもとめて遠くまでとんでいくようになりました。

㋑そのころの地球では、地上を歩く大きなきょうりゅうと、つばさのある小さなきょうりゅうとが、いっしょにえさをとるすがたが見られたことでしょう。

ところが、今から六千六百万年ほど前のこと、地球の様子が大きくかわり、大きなきょうりゅうのなかまはほとんど㋒死にたえてしまいます。けれども、つばさをもち、とぶことのできる小さなきょうりゅうのしそんだけは、生きのこりました。そして、これらのきょうりゅうは、㋓今でもすがたをかえて生きているのです。

それが鳥なのです。鳥は、生きのこったきょうりゅうだったのです。

（令和六年度版　光村図書　国語　三上　わかば　大島《おおしま》　英太郎《えいたろう》）

名前

● 上の文章を読んで答えましょう。

(1) ㋐空をとべるようになったきょうりゅうは、何が、どうなって、どんな形になったから、空をとべるようになったのですか。 (8×3)

（手あしに生えている羽毛）が（長くのび）て、（つばさ）の形になったから。

(2) ㋑そのころについて答えましょう。 (8×2)

① 地球では、どんなきょうりゅうが見られましたか。二つ書きましょう。

・地上を歩く（大きなきょうりゅう）

・つばさのある（小さなきょうりゅう）

② ①の二つのきょうりゅうの、どんなすがたが見られたと思われますか。 (10)

（いっしょにえさをとる）すがた。

(3) ㋒死にたえてしまいます。について答えましょう。 (10×3)

① いつごろのことですか。

今から（六千六百万年ほど前）のこと。

② 何がほとんど死にたえてしまったのですか。

（大きなきょうりゅうのなかま。）

③ なぜ、死にたえてしまったのですか。

（地球の様子が大きくかわったから。）

(4) 生きのこったのはどんなきょうりゅうのしそんですか。 (10)

（つばさをもち、とぶことのできる小さなきょうりゅうのしそん。）

(5) ㋓今でもすがたをかえて生きているのは、何ですか。 (10)

（鳥）

26頁

鳥になったきょうりゅうの話 (4)

鳥ときょうりゅうとでは、ずいぶんちがっているように見えますね。でも、ほねやあしのつき方など体のつくりをよく調べてみると、とてもにているのです。

大きさはどうでしょう。ほとんどの鳥は、きょうりゅうよりずっと小さな体をしています。なぜ、鳥たちは、このように小さくなったのでしょう。

それは、空をとぶには、小さくてかるい体のほうが都合がいいからです。また、小さければ食べ物も少なくてすみます。小さくなった鳥は、花のみつや草のたねなど、ほんの少しのえさを食べて生きていけるようになったのです。

ところで、鳥の中には、とてもうつくしい羽《う》毛をもつものもいます。昔のきょうりゅうがどんな色をしていたのかは、長い間、そうぞうするしかありませんでした。しかし、手がかりがのこった羽毛の化石が見つかり、少しずつきょうりゅうの色が分かってきています。もしかしたら、おしどりのように色あざやかなきょうりゅうもいたかもしれませんね。

昔々　大昔の地球を歩き回っていたティラノサウルスやブラキオサウルスなどの大きなきょうりゅうたちは、もういません。けれどもそのかわり、鳥という小さなきょうりゅうのなかまは、今も元気にこの地球で生きているのです。

（令和六年度版　光村図書　国語　三上　わかば　大島《おおしま》　英太郎《えいたろう》）

名前

● 上の文章を読んで答えましょう。

(1) 鳥ときょうりゅうの、にているところはどこですか。文中から言葉をさがして、（　）に書きましょう。 (6×3)

（ほね）や（あしのつき方）など

（体のつくり）。

(2) なぜ鳥たちは小さな体になったのですか。そのわけを二つ書きましょう。 (14×2)

（空をとぶには、小さくてかるい体の方が都合がいいから。）

（（体が）小さければ食べ物も少なくてすむから。）

(3) 小さくなった鳥は、何を食べて生きていけるようになりましたか。 (6×4)

（花のみつ）や（草のたね）など、

ほんの（少し）の（えさ）。

(4) 上の文章に、あてはまるものには○を、あてはまらないものには×を、（　）に書きましょう。 (5×6)

（×）鳥ときょうりゅうは、見た目も、体のつくりも、まったくちがう。

（○）ほとんどの鳥は、きょうりゅうよりずっと小さな体をしている。

（○）小さな体になった鳥は、ほんの少しのえさを食べて生きていけるようになった。

（×）ほとんどすべての鳥は、とても美しい羽毛をもっている。

（○）手がかりがのこった羽毛の化石が見つかり、少しずつきょうりゅうの色が分かってきている。

（×）ティラノサウルスやブラキオサウルスなどの大きなきょうりゅうたちは、大昔、空をとびまわっていた。

27頁

わたしと小鳥とすずと

名前

わたしと小鳥とすずと
金子《かねこ》　みすゞ

わたしが両手をひろげても、
お空はちっともとべないが、
とべる小鳥はわたしのように、
地面《じめん》をはやくは走れない。

わたしがからだをゆすっても、
きれいな音はでないけど、
あの鳴るすずはわたしのように
たくさんなうたは知らないよ。

すずと、小鳥と、それからわたし、
みんなちがって、みんないい。

（令和六年度版　光村図書　国語　三上　わかば　金子　みすゞ）

● 上の詩を読んで答えましょう。

(1) 第一連《れん》に書いてある、わたしと小鳥、それぞれのできることを書きましょう。（15×2）

・わたし
（地面をはやく走ること）

・小鳥
（お空をとぶこと）

(2) 第二連に書いてある、わたしとすず、それぞれのできることを書きましょう。（15×2）

・わたし
（たくさんなうたを知っている）

・すず
（きれいな音をだす）

(3) 第三連の中で、作者の思いが書かれている一文を書き出しましょう。（20）

みんなちがって、みんないい。

(4) (3)で書いた言葉は、どんなことを言っていると思いますか。思ったことを書きましょう。（20）

（例）
（みんなそれぞれできることはちがうけれど、ちがっているそのままで、みんないい。）

28頁

夕日がせなかをおしてくる

名前

夕日がせなかをおしてくる
阪田《さかた》　寛夫《ひろお》

夕日がせなかをおしてくる
まっかなうででおしてくる
歩くぼくらのうしろから
でっかい声でよびかける
㋐
さよなら　さよなら
さよなら　きみたち
ばんごはんがまってるぞ
あしたの朝ねすごすな

夕日がせなかをおしてくる
そんなにおすなあわてるな
ぐるりふりむき太陽に
ぼくらも負けずどなるんだ
㋑
さよなら　さよなら
さよなら　太陽
ばんごはんがまってるぞ
あしたの朝ねすごすな

（令和六年度版　光村図書　国語　三上　わかば　阪田　寛夫）

● 上の詩を読んで答えましょう。

(1) いつごろのことを書いた詩ですか。一つに○をつけましょう。（12）

（　）早朝　（　）昼
（○）夕方　（　）夜

(2) 「夕日がせなかをおしてくる」は、どんな様子をあらわしていますか。あてはまる方に、○をつけましょう。（12）

（　）夕日を見ながら、夕日のある方へ歩いている様子。
（○）夕日とはんたいのほうへ歩いていて、夕日がうしろから当たっている様子。

(3) 第一連《れん》の㋐の四行は、だれが、だれに言っていますか。（16×2）

（夕日（太陽））が（ぼくら）に言っている。

(4) 第二連の㋑の四行は、だれが、だれに言っていますか。（16×2）

（ぼくら）が（太陽（夕日））に言っている。

(5) この詩の㋐と㋑の部分を音読するとき、どのように読むといいですか。一つに○をつけましょう。（12）

（　）小さな声で、やさしく読む。
（　）ひくい声で、おそろしそうに読む。
（　）高い声で、かわいく読む。
（○）大きな声で、元気に読む。

29頁

ポスターを読もう

名前

(1) 次の二まいのポスターをくらべてみましょう。

㋐

㋑

① ㋐と㋑のポスターを見て、次のことを整理しましょう。□から一つずつえらび（　）に記号で書きましょう。（10×2）

・どちらにもあること。
（㋐）

・どちらかだけにあること。
（㋑）

㋐ 日づけ・時間・会場
㋑ もよおしのくわしいないよう

② あなたは、㋐と㋑どちらのポスターの方が、お月見会に行きたくなりますか。□に記号を書きましょう。（　）にその理由を書きましょう。（10×2）

略

（略）

(2) 次の文書は、ポスターについて、せつめいしたものです。（　）にあてはまる言葉を□からえらんで書きましょう。（10×6）

ポスターは、（行事）のあんない、商品の（せんでん）、マナーの（よびかけ）など、知らせたいことを（一まい）の紙にまとめたものです。

言葉と、（しゃしん）や絵などを組み合わせて、人を引きつけるくふうがされています。

相手を引きつけるようにくふうされた、みじかい言葉のことを（キャッチコピー）といいます。

キャッチコピー　行事　一まい　せんでん　よびかけ　しゃしん

30頁

漢字の組み立て (1)

名前

(1) 次の文は、「へん」か「つくり」の、どちらをせつ明していますか。あてはまるほうを（　）に書きましょう。（8×2）

① 漢字の右がわの部分。おおまかな意味を表すこともある。
（つくり）

② 漢字の左がわの部分。おおまかな意味を表す。
（へん）

(2) 次の「へん」の名前を□からえらび（　）に書きましょう。また、その部分をもつ漢字は、どんな事がらに関係がありますか。――線でむすびましょう。（4×8）

① 言　調・話・詩　（ごんべん）――ことばや話すこと
② 亻　体・作・休　（にんべん）――人や人間
③ 木　植・板・横　（きへん）――木や植物
④ 氵　泳・港・深　（さんずい）――水

ごんべん　さんずい　きへん　にんべん

(3) 次の「へん」に合う部分を□からえらんで、□に書き、漢字を作りましょう。（4×4）

① 語　② 鉄
③ 泳　④ 植

直　永　失　吾

(4) 次の「つくり」に合う部分を□からえらんで、□に書き、漢字を作りましょう。（4×4）

① 動　② 顔
③ 切　④ 新

彦　七　重　亲

(5) 次のカードを二まいで一組にして、漢字を作りましょう。（同じカードは使えません）（4×5）

也　豆　目　言　兼　木　己　頁　糸　氵

組　記　頭　様　池

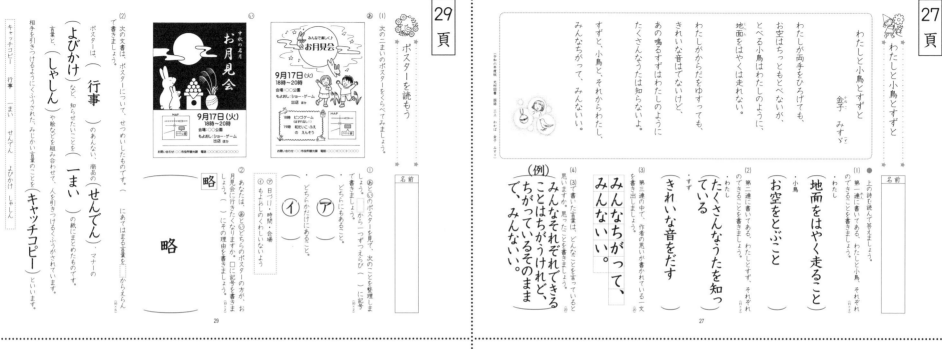

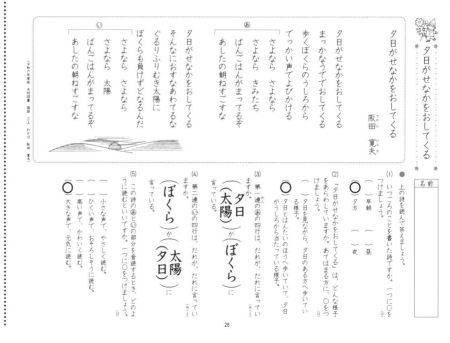

本書の解答は，あくまでもひとつの例です。児童に取り組ませる前に，必ず指導される方が問題を解いてください。指導される方の作られた解答をもとに，児童の多様な考えに寄り添って○つけをお願いします。

31頁

漢字の組み立て (2)

名前

(1) 次のしゃ線の部分も、おおまかな意味を表します。それぞれ何といいますか。［　］からえらんで、（　）に書きましょう。(4×5)

①  （かんむり）
②  （あし）
③ 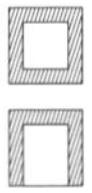 （かまえ）
④  （にょう）
⑤  （たれ）

［あし　かんむり　たれ　にょう　かまえ］

(2) ①～⑤の漢字には、同じ部分が使われています。その部分のよびかたを［　］からえらんで（　）に書きましょう。その部分は何に関係がありますか。下からえらんで、——線でむすびましょう。(4×10)

① 雪　雲 →（あめかんむり）— 雨
② 筆　笛 →（たけかんむり）— 竹
③ 花　薬 →（くさかんむり）— 草や花
④ 感　悪 →（こころ）— 心
⑤ 買　負 →（かい（こがい））— 貝

［くさかんむり　こころ　たけかんむり　かい（こがい）　あめかんむり］

(3) ①～④の漢字の部分のよびかたを［　］からえらんで（　）に書きましょう。(4×4)

① 開　間 →（もんがまえ）
② 通　近 →（しんにょう）
③ 国　園 →（くにがまえ）
④ 店　庫 →（まだれ）

［まだれ　しんにょう　もんがまえ　くにがまえ］

(4) 次の部分を持つ漢字を［　］からえらんで（　）に書きましょう。(4×6)

① くさかんむり（草）
② こころ（意）
③ しんにょう（遠）
④ くにがまえ（図）
⑤ あめかんむり（電）
⑥ もんがまえ（聞）

［電　草　聞　遠　図　意］

31

32頁

ローマ字 (1)

ローマ字で書いてみましょう。

名前

(1) 次のローマ字の読み方をひらがなで書きましょう。(5×12)

① tanuki（たぬき）
② kitune（きつね）
③ nezumi（ねずみ）
④ mikan（みかん）
⑤ ringo（りんご）
⑥ suika（すいか）
⑦ tyawan（ちゃわん）
⑧ kingyo（きんぎょ）
⑨ syukudai（しゅくだい）
⑩ densya（でんしゃ）
⑪ tyokin（ちょきん）
⑫ omotya（おもちゃ）

(2) 次の言葉をローマ字で書きましょう。(5×8)

① うま　uma

② きりん　kirin

③ いぬ　inu

④ ねこ　neko

⑤ くじゃく　kuzyaku
⑥ しゃしん　syasin
⑦ かぼちゃ　kabotya

⑧ はくしゅ　hakusyu

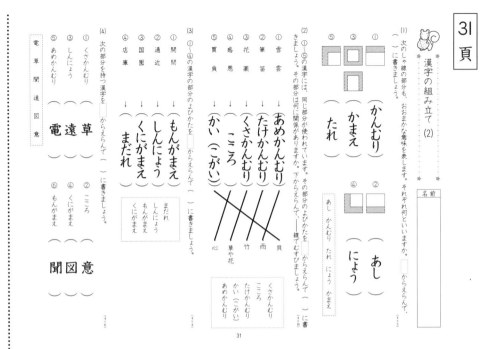

32

33頁

ローマ字 (2)

ローマ字で書いてみましょう。

名前

(1) 次のローマ字の読み方をひらがなで書きましょう。(5×12)

① okâsan（おかあさん）
② obâsan（おばあさん）
③ onêsan（おねえさん）
④ dôro（どうろ）
⑤ gyûnyû（ぎゅうにゅう）
⑥ senpûki（せんぷうき）
⑦ rappa（らっぱ）
⑧ happyô（はっぴょう）
⑨ gassyô（がっしょう）
⑩ sippo（しっぽ）
⑪ kitte（きって）
⑫ matto（まっと）

(2) 次の言葉をローマ字で書きましょう。(5×8)

① おとうさん　otôsan

② おとうと　otôto
③ ぼうし　bôsi

④ ろうそく　rôsoku

⑤ らっこ　rakko

⑥ ばった　batta

⑦ せっけん　sekken

⑧ がっこう　gakkô

33

34頁

ローマ字 (3)

ローマ字で書いてみましょう。

名前

(1) 次のローマ字の読み方をひらがなで書きましょう。(5×12)

① kon'ya（こんや）
② zen'in（ぜんいん）
③ kin'iro（きんいろ）
④ bon'odori（ぼんおどり）
⑤ man'in（まんいん）
⑥ kin'yôbi（きんようび）
⑦ NIPPON（にっぽん）
⑧ TÔKYÔ（とうきょう）
⑨ Yamagata-ken（やまがたけん）
⑩ Sugita Zirô（すぎた　じろう）
⑪ Hurusawa Rika（ふるさわ　りか）
⑫ Mori Sinzi（もり　しんじ）

(2) 次の言葉をローマ字で書きましょう。(5×8)

① てんいん　ten'in
（）
② ほんや　hon'ya
（）
③ せんえん　sen'en
（）
④ しんゆう　sin'yû
（）
⑤ 北海道　Hokkaidô
（）
⑥ 京都市　Kyôto-si
（）
⑦ おおかわ　ゆうた　Okawa Yûta
（　　）
⑧ ごとう　まりこ　Gotô Mariko
（　　）

34

本書の解答は，あくまでもひとつの例です。児童に取り組ませる前に，必ず指導される方が問題を解いてください。指導される方の作られた解答をもとに，児童の多様な考えに寄り添って○つけをお願いします。

35頁

ローマ字 (4)

名前

ローマ字で書いてみましょう。

(1) ローマ字には、書き方が二つあるものがあります。次の言葉をローマ字で書くとき、正しいものを二つえらんで○をつけましょう。 (4×12)

① しまうま
( ) smauma
(○) simauma
(○) shimauma

② つくえ
(○) tsukue
( ) tsikue
(○) tukue

③ みち
(○) michi
( ) mici
(○) miti

④ 読書
(○) dokusyo
(○) dokusho
( ) dokuso

⑤ 茶わん
(○) chawan
( ) tiwan
(○) tyawan

⑥ ふくおかけん
(○) Hukuoka-ken
(○) Fukuoka-ken
( ) Hekuoka-ken

(2) 次の言葉をローマ字で、二つの書き方で書きましょう。 (4×4)

① じてんしゃ
zitensya(zitensha)
jitensha(jitensya)

② ちゅうがっこう
tyûgakkô
chûgakkô

(3) 次の文をローマ字で書きましょう。 (4)

● 本 を かりる。

Hon wo kariru.

(4) ローマ字でしりとり遊びをしましょう。絵にあう言葉をローマ字で書きましょう。ローマ字で書いてあるときは、読み方をひらがなで書きましょう。 (4×8)

(1)
① iruka
（いるか）
↓
② kani

↓
③ nikki
（にっき）
↓
④ kitte

(2)
① shukudai
（しゅくだい）
↓
② itodenwa

↓
③ wakame
（わかめ）
↓
④ megane

35

36頁

ちいちゃんのかげおくり (1)

名前

朝になりました。町の様子は、すっかりかわっています。あちこち、けむりがのこっています。どこがうちなのか――。

㋐「ちいちゃんじゃないの。」

という声。ふり向くと、はす向かいのうちのおばさんが立っています。

㋑「お母ちゃんは。お兄ちゃんは。」

と、おばさんがたずねました。ちいちゃんは、なくのをやっとこらえて言いました。

㋒「おうちのとこ。」

「そう、おうちにもどっているのね。おばちゃん、今から帰るところよ。いっしょに行きましょうか。」

おばさんは、ちいちゃんの手をつないでくれました。二人は歩きだしました。

家は、やけ落ちてなくなっていました。

「ここがお兄ちゃんとあたしのへや。」

ちいちゃんがしゃがんでいると、おばさんがやって来て言いました。

㋓「お母ちゃんたち、ここに帰ってくるの。」

ちいちゃんは、深くうなずきました。

「じゃあ、だいじょうぶね。あのね、おばちゃんは、今から、おばちゃんのお父さんのうちに行くからね。」

ちいちゃんは、また深くうなずきました。

その夜、ちいちゃんは、ざつのうの中に入れてあるほしいいを、少し食べました。そして、こわれかかった暗いぼうくうごうの中で、ねむりました。

㋔「お母ちゃんとお兄ちゃんは、きっと帰ってくるよ。」

くもった朝が来て、昼がすぎ、また、暗い夜が来ました。ちいちゃんは、ざつのうの中のほしいいを、また少しかじりました。そして、こわれかかったぼうくうごうの中でねむりました。

（令和六年度版　光村図書　国語　三下　あおぞら　あまん　きみこ）

● 上の文章を読んで答えましょう。

(1) ㋐～㋓はだれが言った言葉ですか。（　）に、ちいちゃんかおばさんの、どちらかを書きましょう。 (8×4)

㋐（おばさん）　㋑（おばさん）
㋒（ちいちゃん）　㋓（おばさん）

(2) ㋐こらえてという言葉を使ってみじかい文を作りましょう。 (10)

（例）（いたみをこらえて走りつづけた。）

(3) ㋑二人は歩きだしましたについて答えましょう。 (10×3)

① 二人とは、だれとだれのことですか。

（ちいちゃん）と（はす向かいのおばさん）

② どこに向かって歩きだしましたか。

（ちいちゃんの家）

(4) ちいちゃんの家はどうなっていましたか。 (10)

（やけ落ちてなくなっていました。）

(5) ㋒深くうなずきましたとありますが、このときのちいちゃんの気持ちを考えて書きましょう。 (10)

（例）（お母ちゃんとお兄ちゃんは、きっと帰ってくると強くしんじる気持ち。）

(6) ㋔の言葉について、あてはまるものに○をつけましょう。 (8)

（　）おばさんが、ちいちゃんを安心させるために言った。

（○）ちいちゃんが、自分をはげますために言った。

36

37頁

ちいちゃんのかげおくり (2)

名前

㋐明るい光が顔に当たって、目がさめました。

「まぶしいな。」

ちいちゃんは、㋑暑いような寒いような気がしました。ひどくのどがかわいています。いつのまにか、太陽は、高く上がっていました。

そのとき、

「かげおくりのよくできそうな空だなあ。」

というお父さんの声が、青い空からふってきました。

「ね。今、㋒みんなでやってみましょうよ。」

というお母さんの声も、青い空からふってきました。

ちいちゃんは、ふらふらする足をふみしめて立ち上がると、㋓たった一つのかげぼうしを見つめながら、数えだしました。

「ひとうつ、ふたあつ、みいっつ。」

いつのまにか、お父さんのひくい声が、かさなって聞こえだしました。

「ようっつ、いつうつ、むうっつ。」

お母さんの高い声も、それにかさなって聞こえだしました。

「ななあつ、やあっつ、ここのうつ。」

お兄ちゃんのわらいそうな声も、かさなってきました。

「とお。」

ちいちゃんが空を見上げると、青い空に、くっきりと白いかげが四つ。

「お父ちゃん。」

ちいちゃんはよびました。

「お母ちゃん、お兄ちゃん。」

そのとき、㋔体がすうっとすき通って、空にすいこまれていくのが分かりました。

一面の空の色。ちいちゃんは、空色の花ばたけの中に立っていました。見回しても、見回しても、花ばたけ。

「きっと、ここ、空の上よ。」

と、ちいちゃんは思いました。

「ああ、あたし、おなかがすいて軽くなったから、ういたのね。」

そのとき、向こうから、お父さんとお母さんとお兄ちゃんが、わらいながら歩いてくるのが見えました。

「なあんだ。みんな、こんな所にいたから、来なかったのね。」

ちいちゃんは、きらきら㋕わらいだしました。わらいながら、花ばたけの中を走りだしました。

㋖夏のはじめのある朝、こうして、小さな女の子の命が、空にきえました。

（令和六年度版　光村図書　国語　三下　あおぞら　あまん　きみこ）

● 上の文章を読んで答えましょう。

(1) ㋐明るい光が顔に当たってとありますが、だれの顔に当たったのですか。 (12)

（ちいちゃん）

(2) ㋑気がしましたとありますが、ちいちゃんは、どんな気がしたのですか。 (12)

（暑いような寒いような気がしました。）

(3) ㋒みんなでやってみましょうよとありますが、何をやってみましょうと言っていますか。 (12)

（かげおくり）

(4) お父さんと、お母さんの声は、どこからふってきましたか。 (12)

（青い空）

(5) ㋓たった一つのかげぼうしは、だれのかげぼうしですか。 (12)

（ちいちゃん）

(6) ㋔体がすうっとすき通って…とありますが、このとき、ちいちゃんの命は、どうなっていると思いますか。 (12)

（きえかかっている。）

(7) ㋕わらいながら…とありますが、このときの、ちいちゃんの気もちを考えて、書きましょう。 (14)

（やっとみんなに会えた。うれしいな。早く近くに行こう。）

(8) ㋖夏のはじめのある朝、どんなことがありましたか。 (14)

（小さな女の子の命が、空にきえました。）

37

38頁

ちいちゃんのかげおくり (3)（全文読解《どっかい》）

名前

教科書《きょうかしょ》　「ちいちゃんのかげおくり」を読んで答えましょう。

(1) 次の一～五の場面をまとめた文の（　）に、［　］から言葉をえらんで入れましょう。 (6×8)

［ちいちゃんの体　お父さん　お母さん　お兄ちゃん　わらい声　ぼうくうごう　かげおくり　ひとりぼっちで］

一（場面）	二	三	四	五
おはかまいりの帰り道、ちいちゃんは家族みんなで（かげおくり）をする。（お父さん）はいくさに行き、いくさはげしくなっていく。	ちいちゃんは、空しゅうからにげるとき、（お母さん）や（お兄ちゃん）とはぐれてしまう。暗い橋の下、知らないたくさんの人たちの中でちいちゃんは、（ひとりぼっちで）ねむる。	すっかり町の様子がかわり、家はやけ落ちてしまう。ちいちゃんは、お母さんとお兄ちゃんを待ちながら暗い（ぼうくうごう）の中でねむる。	お父さんたちの声が聞こえてきて、ちいちゃんはひとりでかげおくりをはじめる。（ちいちゃんの体）は空にすいこまれて、空にきえる。	何十年後、小さな公園で、青い空の下、子どもたちが（わらい声）をあげて遊んでいる。

(2) 次の①、②のとき、ちいちゃんは何人でかげおくりをしましたか。 (6×2)

① おはかまいりに行った日　（四）人

② ぼうくうごうでねむっておきたとき　（一）人

(3) 次の①～④の文は、だれの気持ちを表した文ですか。

① 「体の弱いお父さんまで、いくさに行かなければならないなんて。」 (8)

（お母さん）

② 「なあんだ。みんな、こんな所にいたから、来なかったのね。」 (8)

（ちいちゃん）

③ 「今日の記念《ねん》写真だなあ。」 (8)

（お父さん）

④ 「お母ちゃんとお兄ちゃんは、きっと帰ってくるよ。」 (8)

（ちいちゃん）

(4) 上の表の第五の場面で、きらきらわらっているのはだれですか。 (8)

（お兄ちゃんやちいちゃんくらいの子どもたち。）

38

解答例

本書の解答は，あくまでもひとつの例です。児童に取り組ませる前に，必ず指導される方が問題を解いてください。指導される方の作られた解答をもとに，児童の多様な考えに寄り添って○つけをお願いします。

39頁

修飾語《しゅうしょく》を使って書こう (1)

名前

(1) 文の中で、次のような言葉を何と言いますか。□からえらんで（　）に書きましょう。(5×3)

① 「だれが（は）」「何が（は）」にあたる言葉。
（主語）

② 「どうする」「どんなだ」「何だ」にあたる言葉。
（述語）

③ 「どんな」「どのぐらい」など、文をくわしくする言葉。
（修飾語）

述語《じゅつ》　修飾語　主語

(2) ①～②の□に入る言葉を、それぞれ□からえらんで書きましょう。(6×7)

①
主語 わたしは → 述語 行きました。
修飾語（どこに） 公園に → 行きました。
修飾語（だれと） 友だちと → 行きました。

公園に　友だちと

②
修飾語（どんな） 大きな → 修飾語（何を） ピアノを → 述語 ひきました。
主語 姉は → ひきました。
とても → 修飾語（どのように） じょうずに → ひきました。

ひきました　大きな　じょうずに
とても　ピアノを

(3) 次の文の、主語に――線、述語に～～線を引きましょう。修飾語を○でかこみましょう。(1×23)

① （あたたかい） 風が （そよそよと） （気持ちよく） ふいている。

② （うつくしい） （青い） 鳥が （木の） （えだに） とまっている。

③ （つめたい） 水が （小さな） （川を） （ちょろちょろと） 流れている。

④ わたしは （日曜日に） （家族と） （遠くの） （遊園地へ） 行きました。

(4) 次の文の、主語に――線、述語に～～線、修飾語は○でかこみましょう。また、〈れい〉のように、修飾語が、どの言葉に係っているか、↓で書きましょう。(1×20)

〈れい〉 （白い）→雲が、（ふわふわと）→うかんでいる。

① （父の）→かばんは、（とても）→おもい。

② （黒い）→犬が、（のそのそと）→歩いている。

③ （わたしの）→弟は （おそるおそる） （つり橋を） →わたった。

40頁

修飾語《しゅうしょく》を使って書こう (2)

名前

(1) ――線の言葉は、文の意味をくわしくしている修飾語です。それぞれのはたらきを□からえらんで（　）に記号を書きましょう。※同じ記号を二回使います。(5×11)

① 主語 わたしは、きのう（ア） いとこに（カ） たん生日プレゼントを（オ） 述語 あげた。

② 白い（ウ） 主語 雲が、二つ（ク） ふわふわと（エ） 空に（イ） 述語 うかんでいる。

③ 主語 ぼくは、ぼくの（キ） 学校の（ケ） 決まりを、（オ） しっかりと（エ） 述語 守った。

㋐いつ　㋑どこに
㋒どんな　㋓どのように
㋔何を　㋕だれに
㋖だれの　㋗どのぐらい
㋘何の

(2) 次の①～④の文に、㋐㋑のように修飾語をくわえて、文をくわしくしましょう。(5×8)

① 月が、光る。
㋐ 「まるい」をくわえる。
（まるい月が、光る。）
㋑ ㋐の文に「あかるく」をくわえる。
（まるい月が、あかるく光る。）

② 葉が、落ちる。
㋐ 「黄色い」をくわえる。
（黄色い葉が、落ちる。）
㋑ ㋐の文に「ひらひらと」をくわえる。
（黄色い葉が、ひらひらと落ちる。）

③ ねこが、歩く。
㋐ 「黒い」をくわえる
（黒いねこが、歩く。）
㋑ ㋐の文に「ゆっくり」をくわえる。
（黒いねこが、ゆっくり歩く。）

④ かばんは、大きい。
㋐ 「父の」をくわえる。
（父のかばんは、大きい。）
㋑ ㋐の文に「とても」をくわえる。
（父のかばんは、とても大きい。）

(3) 次の絵の様子を、修飾語を使ってくわしく書きましょう。(5)

略

41頁

きせつの言葉3 秋のくらし

名前

虫の声

（文部省《もんぶしょう》 唱歌《しょうか》）

あれ松虫《まつ》が　鳴いている
ちんちろ　ちんちろ　ちんちろりん
あれ鈴虫《すず》も　鳴き出した
りんりんりんりん　りいんりん
秋の夜長を　鳴き通す
ああおもしろい　虫の声

（令和六年度版　光村図書　国語　三下　あおぞら「きせつの言葉3　秋のくらし」による）

① 上の歌を読んで答えましょう。

(1) 松虫の鳴く声を、歌の中の言葉で書き出しましょう。(12)
（ちんちろちんちろちんちろりん）

(2) 鈴虫の鳴く声を、歌の中の言葉で書き出しましょう。(12)
（りんりんりんりんりいんりん）

(3) 「鳴き通す」の意味に、あてはまる方に○をつけましょう。(12)
（　）遠くまで聞こえる、大きくてよく通る声で鳴く。
（○）秋の夜長を、ずっと鳴き続ける。

(4) 「ああおもしろい　虫の声」とありますが、虫の声のどんなところがおもしろいと思いますか。(14)
(例)（松虫が鳴くと鈴虫も鳴き出すところ。いろんな声で鳴くところ。）

② 次の問いに答えましょう。

(1) 「○○の秋」という言い方があります。正しく使われているもの三つに、○をつけましょう。(5×3)
（○）げいじゅつの秋
（　）田植えの秋
（○）スポーツの秋
（○）しょくよくの秋
（　）海びらきの秋

(2) 秋にかんけいのある言葉三つに、○をつけましょう。(5×3)
（○）新米　（　）めばえ
（　）花見　（○）月夜
（○）夜長　（　）すだれ

(3) 秋はしゅうかくのきせつといわれますが、秋らしい食べ物四つに、○をつけましょう。(5×4)
（　）たけのこ　（○）ぶどう
（○）かき　（○）くり
（○）りんご　（　）きゅうり

42頁

すがたをかえる大豆 (1)

名前

いちばん分かりやすいのは、大豆をその形のままいったり、にたりして、やわらかく、おいしくするくふうです。いると、豆まきに使う豆になります。水につけてやわらかくしてからにると、に豆になります。正月のおせちりょうりに使われる黒豆も、に豆の一つです。に豆には、黒、茶、白など、いろいろな色の大豆が使われます。

次に、こなにひいて食べるくふうがあります。もちやだんごにかけるきなこは、大豆をいって、こなにひいたものです。

また、大豆にふくまれる主なえいようを取り出して、ちがう食品にするくふうもあります。大豆を一《ひと》ばん水にひたし、なめらかになるまですりつぶします。これに水をくわえて、かきまぜながら熱《ねっ》します。その後、ぬのを使ってなかみをしぼり出します。しぼり出したしるに にがりというものをくわえると、かたまって、とうふになります。

さらに、目に見えない小さな生物の力をかりて、ちがう食品にするくふうもあります。ナットウキンの力をかりたのが、なっとうです。むした大豆にナットウキンをくわえ、あたたかい場所に一日近くおいて作ります。コウジカビの力をかりたものが、みそやしょうゆです。みそを作るには、まず、むした米か麦にコウジカビをまぜたものを用意します。それと、しおを、にてつぶした大豆にくわえて、まぜ合わせます。ふたをして、風通しのよい暗い所に半年から一年の間おいておくと、大豆はみそになります。しょうゆも、よくにた作り方をします。

（令和六年度版　光村図書　国語　三下　あおぞら　国分《こくぶん》 牧衛《まきえ》）

● 上の文章を読んで答えましょう。

(1) 大豆をおいしく食べるくふうを、上の文中に出てくるじゅんに、四つ書きましょう。あてはまる食品を一つずつ書きましょう。(10×8)

① (例)（大豆をその形のままいったり、にたりして、やわらかく、おいしくする）くふう
食品（豆まきにつかう豆・に豆・黒豆）

② （こなにひいて食べる）くふう
食品（きなこ）

③ （大豆にふくまれる主なえいようを取り出してちがう食品にする）くふう
食品（とうふ）

④ (例)（目に見えない小さな生物の力をかりて、ちがう食品にする）くふう
食品（なっとう）（みそ）（しょうゆ）

(2) 次の文は、とうふの作り方について書かれた文です。

① 作り方のじゅんになるように、（　）に数字を書きましょう。(3×4)

② せつ明にあてはまる絵を下からえらび、――線でむすびましょう。(2×4)

（4）しぼり出したしるに、にがりをくわえてかためる。
（1）大豆を水にひたし、すりつぶす。
（3）ぬのを使ってなかみをしぼり出す。
（2）すりつぶしたものに水をくわえて、かきまぜながら熱する。

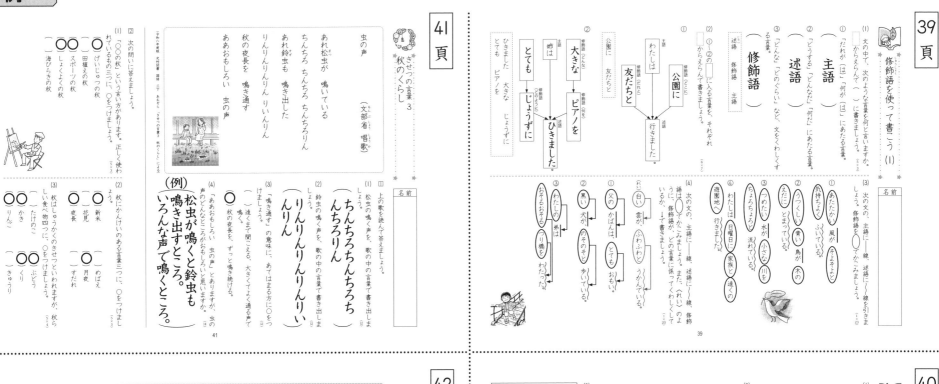

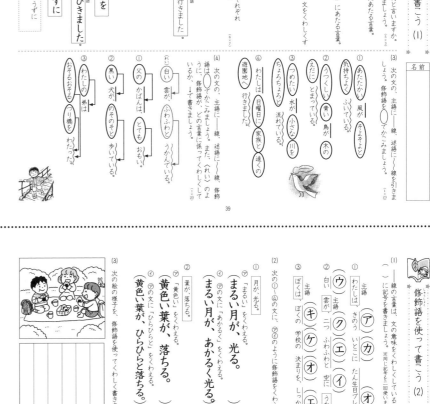

解答例

43頁

すがたをかえる大豆 (2)（全文読解《どっかい》）

教科書《きょうかしょ》

「すがたをかえる大豆」を読んで答えましょう。

名前

(1) 全体の文を、「はじめ」「中」「終わり」の三つに分けます。それぞれ、どんなことが書かれていますか。線でむすびましょう。（5×3）

- はじめ ── 大豆についての大まかなせつめい
- 中 ── 大豆の食べ方のくふうについていくつかのれいをあげてせつめい
- 終わり ── 大豆の食べ方がふくうされてきた理由、感想、まとめ

(2) 次の表は、大豆をおいしく食べるくふうと、それぞれのれいとなる食品についてまとめたものです。（　）にあてはまる食品名を入れましょう。（5×8）

おいしく食べるくふう	食品
・その形のままいったり、にたりして、やわらかく、おいしくする。	豆まきの豆（に豆）
・こなにひく	（きなこ）
・大切なえいようだけを取り出して、ちがう食品にする。	（とうふ）
・目に見えない小さな生物の力をかりて、ちがう食品にする。	（なっとう）（みそ）（しょうゆ）
・とりいれる時期や育て方をくふうする。	（えだ豆）（もやし）

(3) みそを作るじゅんにまとめています。（　）にあてはまる言葉を□からえらんで書きましょう。（5×5）

むした（麦）に（コウジカビ）をまぜたものを用意する。

（しお）を、にてつぶした（大豆）にくわえてまぜ合わせる。

風通しのよい（暗い所）に半年から一年の間おいておく。

しお　麦　大豆　暗い所　コウジカビ

(4) 大豆がほかの作物にくらべて多くの食べ方がくふうされてきたのは、なぜですか。その理由を二つ書きましょう。（10×2）

（味もよく、畑の肉といわれるくらいたくさんのえいようをふくんでいるから。）

（やせた土地にも強く、育てやすいことから、多くの地いきで植えられたから。）

43

44頁

食べ物のひみつを教えます

名前

いろいろなすがたになる米

原　ゆうた

□1 米には、いろいろな食べ方のくふうがあります。

□2 まず、米をその形のままたいて食べるくふうがあります。米をといで、水につけてからたくと、ごはんになります。

□3 ㋐、むして食べるくふうがあります。もち米という米をむして、うすときねでつくと、もちになります。もちつきのきかいを使うこともあります。

□4 さらに、こなにして食べるくふうもあります。もち米をこなにしたものに、水を入れて練ります。それをゆでると、白玉になります。

□5 ㋑、米は、くふうされて、いろいろなすがたになって食べられているのです。

（令和六年度版　光村図書　国語　三下　あおぞら「食べ物のひみつを教えます」による）

● 上の文章を読んで答えましょう。

(1) □1～□5の文章を「はじめ」「中」「終わり」の三つの段落に分けましょう。（7×3）

・はじめ（□1）　・中（□2□3□4）

・終わり（□5）

(2) 上の文章の、「はじめ」「中」「終わり」には、どんなことが書かれていますか。（3×3）

- はじめ ── 文章全体の話題
- 中 ── 食べ方のくふうのれい
- 終わり ── 文章全体のまとめ

(3) この文章は、何についてせつ明していますか。（7×2）

米の［食べ方］の［くふう］

(4) ㋐㋑に入る言葉を□からえらんで（　）に書きましょう。（7×2）

㋐（次に）　㋑（このように）

このように　それとも　次に

(5) 次の表の（　）にあてはまる言葉を書きましょう。（7×6）

段落	食べ方のくふう	食品名
□2	①（その形のままたいて）食べる	④（ごはん）
□3	②（むして）食べる	⑤（もち）
□4	③（こなにして）食べる	⑥（白玉）

44

45頁

ことわざ・故《こ》事成《せい》語 (1)

名前

(1) 次の文は、ことわざのせつ明です。正しいもの一つに○をつけましょう。（6）

（　）いろはかるたを作るために考えられた。

（　）中国で作られ、日本へつたえられてきた言いつたえ。

（○）生活の中で役立つちえをみじかい言葉や言い回しで表したもの。

(2) 次のことわざについて答えましょう。

① （　）に入る言葉を□からえらんで書きましょう。（7×5）

㋐（馬）の耳にねんぶつ

㋑（かっぱ）の川流れ

㋒（ねこ）に小ばん

㋓（ぶた）に真じゅ

㋔（さる）も木から落ちる

さる　馬　かっぱ　ぶた　ねこ

② 次のことわざの意味と、ちかい意味をもつことわざを、①の㋐～㋔から二つえらんで（　）に書きましょう。（7×2）

・弘法《こうぼう》にも筆のあやまり

【意味】どんなに上手な人にもしっぱいはあるものだということ。（㋑）（㋔）

(3) 次のことわざの意味を下からえらんで、──線でむすびましょう。（6×4）

- ① 親しき仲《なか》にもれいぎあり ── どんなに親しい仲であっても、礼ぎは守らなくてはならない。
- ② 早起きは三文《もん》の徳《とく》 ── 朝早く起きることは、健康によいだけでなく、ほかにもいいことがある。
- ③ 石橋をたたいてわたる ── 用心に用心を重ねて行うこと。
- ④ 善《ぜん》は急げ ── よいと思ったら、すぐに実行するのがよい。

(4) 次のことわざが、正しいことわざになるように、（　）の中の言葉をえらんで○をつけましょう。（7×3）

① ちりもつもれば（おか　ごみ　(山)）となる

② わかいときの（遊び　(苦労)　運動）は買ってもせよ

③ 犬も歩けば（(ぼう)　石　かべ）に当たる

45

46頁

ことわざ・故《こ》事成《せい》語 (2)

名前

(1) 次の文は、故事成語についてせつ明した文です。（　）にあてはまる言葉を□からえらんで書きましょう。（9×2）

故事成語は、ことわざににた（みじかい）言葉で、（中国）につたわる古い出来事や物語がもとになってできた言葉です。

長い　みじかい　中国《ちゅうごく》　インド

(2) 次の文は「五十歩百歩」という故事成語の由来と、それが表す意味をせつ明したものです。（　）にあてはまる言葉を、□からえらんで書きましょう。（10×4）

【由来】たたかいのときに、にげ出した者がいた。このとき、（五十歩）にげた者が、（百歩）にげた者を弱虫だとわらったが、どちらもにげたことにはかわりはないということ。

【意味】（大きな）ちがいはないこと。（多少）のちがいはあるものの、

大きな　百歩　五十歩　多少

(3) 次の故事成語の意味を下からえらんで、──線でむすびましょう。（7×3）

- ① 漁夫《ぎょふ》の利《り》 ── 二人が利えきを、めぐってあらそっているすきにべつの人がそのりえきを横取りすること。
- ② 矛盾《むじゅん》 ── 話のつじつまが合わないこと。
- ③ 推敲《すいこう》 ── 詩や文章の表現を考えて、なんども直すこと。

(4) 次の文には、どんなことわざがあてはまりますか。□からえらんで（　）に記号を書きましょう。（7×3）

①（㋒）三年間、毎日十円玉を一つずつ、こつこつとちょ金していたら、たまったお金で、かっこいいかばんが買えたよ。

②（㋐）国語の先生なのに、漢字の読み方をまちがえたそうだ。

③（㋑）コンクールに出す作文を、先生にもお母さんにも見てもらったが、ねんのため、自分でも五回見直した。

㋐ さるも木から落ちる
㋑ 石橋をたたいてわたる
㋒ ちりもつもれば山となる

46

本書の解答は，あくまでもひとつの例です。児童に取り組ませる前に，必ず指導される方が問題を解いてください。指導される方の作られた解答をもとに，児童の多様な考えに寄り添って○つけをお願いします。

47頁

漢字の意味

(1) 絵を見て、——線の言葉を漢字に直して、□に書きましょう。(4×6)

① 人形にはなをつけます。
㋐ 鼻

㋑ 花

② はがきれいです。
㋐ 歯

㋑ 葉

③ ひに当たります。
㋐ 火

㋑ 日

(2) 次の——線の言葉を漢字に直して□に書き入れ、意味が分かる文にしましょう。
※「・」のマスには漢字が入ります。(6×2)

① はははははじょうぶです。
母は歯はじょうぶです。

② にわにはにわにわとりがいる。
庭には二羽にわとりがいる。

(3) 次の文に合う漢字を（　）からえらんで、□に書きましょう。(4×8)

① カイ（界　階）
㋐ 二階のまどを開ける。
㋑ おじは世界中、旅をした。

② サン（三　山）
㋐ ふじ山の絵をかいた。
㋑ 友達三人で、クイズをした。

③ キョク（局　曲）
㋐ ピアノで楽しい曲をひく。
㋑ ゆうびん局で切手を買う。

④ セン（船　線）
㋐ 点線を引く。
㋑ 風船をふくらませる。

(4) 次の文に合う漢字を書きましょう。(4×8)

①
㋐ 父は新聞記者《きしゃ》だ。
㋑ 汽車《きしゃ》のもけいを作る。

②
㋐ 近所で火事《かじ》があった。
㋑ 家事《かじ》を手つだった。

③
㋐ 友だち十人《じゅうにん》でグループをつくる。
㋑ 祭りに町の住人《じゅうにん》が集まった。

④
㋐ 急行《きゅうこう》電車に乗った。
㋑ 台風で学校が休校《きゅうこう》になった。

名前

47

48頁

短歌を楽しもう

㋐ ㋐むしのねも　のこりすくなに　なりにけり
㋑よなよなかぜの　さむくしなれば
良寛《りょうかん》

虫の鳴き声もあまり聞こえなくなってきたなあ。夜ごとにふく風が寒くなるので。

㋑ ㋒秋来《き》ぬと目にはさやかに見えねども
風の音にぞおどろかれぬる
藤原《ふじわらの》　敏行《としゆき》

秋が来たと、目に見えてはっきりとは分からなかったけれども、風の音が秋らしくて、はっとしたよ。

㋒ 秋風の吹《ふ》きにし日より音羽山《おとわやま》
峰《みね》のこずゑ《え》も㋓色づきにけり
紀《きの》　貫之《つらゆき》

秋風がふき始めたその日から、音羽山のちょうじょうでは、木のえだの先も色づき始めていたのだなあ。

㋓ 奥山《おくやま》に紅葉《もみじ》踏《ふ》み分け鳴く鹿《しか》の
㋔声聞く時ぞ秋は悲しき
猿丸大夫《さるまるだゆう》

奥深い山で紅葉を踏み分けながら鳴いている鹿の声を聞くときこそ、秋の悲しさを感じるものだ。

（令和六年度版　光村図書　国語　三下　あおぞら「短歌を楽しもう」による）

● 上の短歌や文章を読んで答えましょう。

(1) （　）にあてはまる言葉を□からえらんで書きましょう。(7×5)

短歌は（五・七・五・七・七）の（三十一音）で作られた（短い詩）です。

（しぜん）の様子や、そこから感じられること、心に思ういろいろなことなどが表されています。

短歌は、一首《しゅ》、二首というように、「（首）」を使って数えます。

十七音《おん》　五・七・五・七・七　しぜん
短い詩　首　三十一音　五・七・五

(2) 五・七・五・七・七の音で、調子よく読めるように、㋑〜㋓の短歌を、／線で区切りましょう。(10×3)

㋑ 秋来ぬと／目にはさやかに／見えねども／風の音にぞ／おどろかれぬる／
㋒ 秋風の／吹きにし日より／音羽山／峰のこずゑも／色づきにけり／
㋓ 奥山に／紅葉踏み分け／鳴く鹿の／声聞く時ぞ／秋は悲しき

(3) ——線㋐〜㋔の言葉の意味を書きましょう。(7×5)

㋐（虫の鳴き声）
㋑（夜ごとにふく風）
㋒（秋が来たと）
㋓（色づき始めていたのだなあ）
㋔（声を聞くときこそ）

名前

48

49頁

三年とうげ (1)

〔あらすじ〕
三年とうげで転んだら、三年しか生きられないという言いつたえがあります。その三年とうげでころんでしまったおじいさん。病気になってしまいました。
そんなある日、水車屋のトルトリが、みまいに来ました。

登場人物　おじいさん・トルトリ

㋐「なおるとも。三年とうげで、もう一度転ぶんだよ。」

㋑「ばかな。わしに、もっと早く死ねと言うのか。」

㋒「そうじゃないんだよ。一度転ぶと、三年生きるんだろ。二度転べば六年、三度転べば九年、四度転べば十二年。このように、㋐何度も転べば、ううんと長生きできるはずだよ。」

おじいさんは、しばらく考えていましたが、うなずきました。

㋓「うん、なるほど、なるほど。」

そして、㋑ふとんからはね起きると、三年とうげに行き、わざとひっくり返り、転びました。

このときです。ぬるでの木のかげから、㋒おもしろい歌が聞こえてきました。

「えいやら　えいやら　えいやらや。

一ぺん転べば　三年で、
十ぺん転べば　三十年、
百ぺん転べば　三百年。

こけて　転んで　ひざついて、
しりもちついて　てんぐり返り、
長生きするとは、こりゃ　めでたい。」

おじいさんは、すっかりうれしくなりました。

ころりん、ころりん、すってんころり、ぺったんころりん、ひょいころ、ころりんと、転びました。㋓あんまりうれしくなったので、しまいに、とうげからふもとまで、ころころころりんと、転がり落ちてしまいました。

そして、けろけろけろっとした顔をして、

「もう、わしの病気はなおった。百年も、二百年も、長生きができるわい。」

と、にこにこわらいました。

（令和六年度版　光村図書　国語　三下　あおぞら　李錦玉《りきんぎょく》）

● 上の文章を読んで答えましょう。

(1) 上の文章の㋐〜㋓の言葉は、だれが言った言葉ですか。「おじいさん」か、「トルトリ」かをえらんで（　）に書きましょう。(5×4)
㋐（トルトリ）　㋑（おじいさん）
㋒（トルトリ）　㋓（おじいさん）

(2) トルトリは、おじいさんに、どこで、何をすると、病気がなおると言いましたか。(10×2)
・どこで（三年とうげ）
・何をする（もう一度転ぶ）

(3) トルトリは㋐何度も転べば何ができるはずだと言いましたか。文中からさがして三文字で答えましょう。(10)
長生き

(4) ㋑ふとんからはね起きたおじいさんは、どこに行って何をしましたか。(10×2)
・どこで（三年とうげ）
・何をする（わざとひっくり返り転びました。）

(5) ㋒おもしろい歌について答えましょう。
① どこから聞こえてきましたか。(10)
（ぬるでの木のかげ）
② 歌の中で百ぺん転べば何年長生きすると言っていますか。(10)
三百年　長生きする。

(6) ㋓あんまりうれしくなったので、しまいにおじいさんはどうしましたか。(10)
（とうげからふもとまで、ころころころりんと、転がり落ちてしまいました。）

名前

49

50頁

三年とうげ (2)（全文読解《どっかい》）

教科書《きょうかしょ》　「三年とうげ」を読んで答えましょう。

(1) 次の一〜六の場面をまとめた文の（　）に□から言葉をえらんで書き入れましょう。(4×14)

一（場面）	二	三	四	五	六
あるところに（三年とうげ）とよばれる、あまり高くない、なだらかなとうげがありました。三年とうげには昔から「転ぶと三年しか生きられない」という（言いつたえ）がありました。	ある秋の日のこと、（反物）を売りに行ったおじいさんが、三年とうげで、（転んで）しまいました。	おじいさんは、ごはんも食べずに、ふとんにもぐりこみ、とうとう（病気）になってしまいました。	水車屋の（トルトリ）が、みまいに来て、「三年とうげで、もう（一度）転ぶと病気がなおる。」と言いました。	おじいさんは、（ふとん）からはね起きると、三年とうげに行き、わざとひっくり返り、転びました。このとき、ぬるでの木のかげから、（おもしろい）歌が聞こえてきました。うれしくなったおじいさんは、（とうげ）から、（ふもと）まで転がり落ちました。	こうして、おじいさんは、すっかり（元気）になり、おばあさんと二人なかよく、（幸せ）に、（長生き）したということです。

ふとん　トルトリ　幸せ　一度
おもしろい　転んで　元気　病気　言いつたえ
とうげ　長生き　ふもと　三年とうげ　反物《たん》

(2) 三年とうげのお話について、あてはまる言葉を□からえらんで（　）に、書きましょう。

① 次の文は、三年とうげに昔からある言いつたえです。（　）にあてはまる言葉を書きましょう。(4×3)
三年とうげで　転ぶでない。
三年とうげで　転んだならば、
（三年）きりしか　生きられぬ。
長生きしたけりゃ、（転ぶ）でないぞ。
三年とうげで　転んだならば、
長生きしたくも（生き）られぬ。

② 次の文は、トルトリがみまいに来たあと、おじいさんが、三年とうげでわざと転んだときに聞こえてきたおもしろい歌です。（　）にあてはまる言葉を書きましょう。(4×4)
「えいやら　えいやら　えいやらや。

一ぺん転べば（三）年で、
（十）ぺん転べば　三十年、
百ぺん転べば（三百）年。
こけて　転んで　ひざついて、
しりもちついて　てんぐり返り、
（長生き）するとは、こりゃ　めでたい。」

三年　三　十　三百　生き　長生き　転ぶ

(3) 三年とうげのお話にあてはまる文を二つえらび、（　）に○をつけましょう。(8×2)
（○）三年とうげは、あまり高くない、なだらかなとうげでした。

（○）三年とうげでころばないように、気をつけて歩いていたおじいさんは、石につまずいて、転んでしまいました。

（　）病気になったおじいさんの看病《かん》をしたのは、トルトリでした。

名前

50

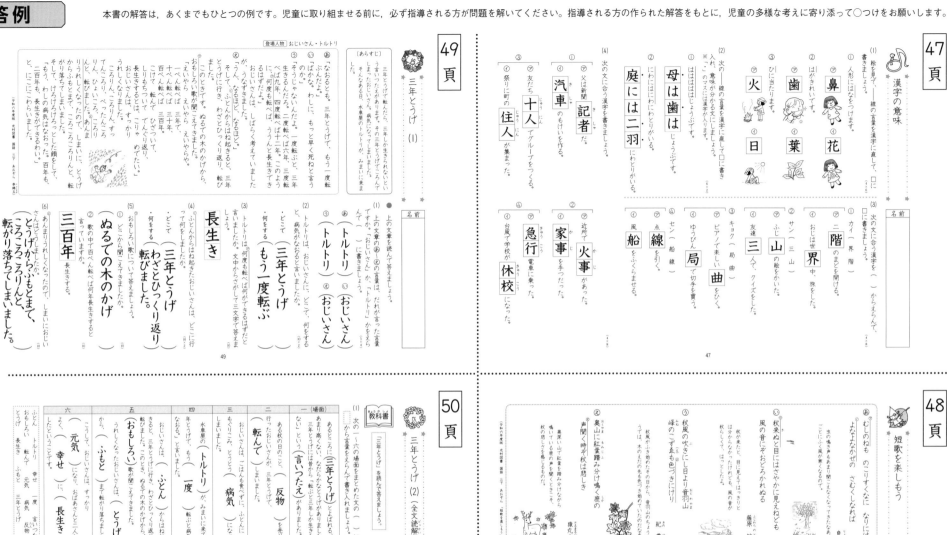

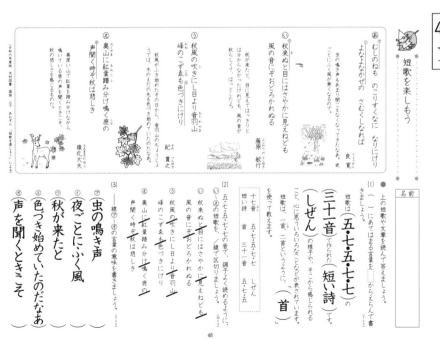

51 頁

わたしの町のよいところ

● 次の文章を読んで答えましょう。

名前

いつでも楽しい　じどう館

水野　風花

わたしがしょうかいしたいのは、じどう館です。

じどう館は、わかば駅のすぐ近くにあり、午前9時から午後6時まで開いています。

このじどう館をしょうかいしたい理由は、二つあります。

一つは、楽しいイベントがたくさんあるからです。じどう館では、工作教室やダンス教室などが開かれます。わたしは、先週、とうげい教室にさんかして、お皿を作りました。先生が、力の入れ具合をていねいに教えてくれたので、上手にできました。とうげい教室は、みなさんにもおすすめです。

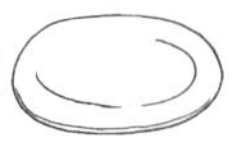

もう一つの理由は、いろいろな人と交流できるからです。このじどう館は、高校生までならだれでもりようできるので、年れいや学校がちがう人もいます。きのう、となりの学校の田中さんと話したら、人気のある遊びがちがっていて、びっくりしました。いつもとちがう友だちと交流すると、新しい発見があります。

じどう館に行ったことがない人は、ぜひ一度、行ってみてください。

（令和六年度版　光村図書　国語　三下　あおぞら「わたしの町のよいところ」による）

(1) 水野さんは、じどう館をしょうかいしています。じどう館について答えましょう。(10×2)

① どこにありますか。

（わかば駅のすぐ近く。）

② 何時から何時まで開いていますか。

（午前九時から午後六時まで）

(2) 水野さんがじどう館をしょうかいしたい理由を、二つ書きましょう。(10×2)

（楽しいイベントがたくさんあるから。）

（いろいろな人と交流できるから。）

(3) 水野さんが先週さんかしたイベントは何ですか。一つに○をつけましょう。(10)

（　）ダンス教室

（○）とうげい教室

（　）工作教室

(4) きのう、水野さんは、だれと話しましたか。(10)

（となりの学校の田中さん）

(5) 水野さんがびっくりしたことは、どんなことですか。(10)

（となりの学校では、人気のある遊びがちがったこと。）

(6) この文章、「はじめ・中・終わり」には何が書いてありますか。□からえらんで（　）に書きましょう。(10×3)

・はじめ（しょうかいするもの）

・中（しょうかいしたい理由）

・終わり（まとめ・よびかけ）

しょうかいしたい理由
しょうかいするもの
まとめ・よびかけ

52 頁

きせつの言葉 4　冬のくらし

名前

ゆき

川崎《かわさき》　洋《ひろし》

はつゆき　ふった
こなゆき　だった
くつの下で　きゅっきゅとないた

どかゆき　ふった
のしのし　ふって
ずんずん　つもり
ねゆきに　なった

べたゆき　ふって
ぼたゆき　ふって
ざらめゆきに　なって
もうすぐ　春だ

（令和六年度版　光村図書　国語　三下　あおぞら　川崎　洋）

1 上の詩を読んで答えましょう。

(1) 「ゆき」とつく言葉を、詩の中からさがして七つ書きましょう。(5×7)

（はつゆき）（こなゆき）

（どかゆき）（ねゆき）

（べたゆき）（ぼたゆき）

（ざらめゆき）

(2) こなゆきは、くつの下で、どんな音がしましたか。(5)

（きゅっきゅ）

(3) どかゆきは、どのようにして　ねゆきになりましたか。詩の言葉で書きましょう。(5)

（のしのし　ふって　ずんずん　つもり）

(4) もうすぐ　きせつは、なにになりますか。(5)

（春）

2 次の問いに答えましょう。

(1) 寒い冬をあたたかくすごすためのくふう三つに、○をつけましょう。(5×3)

（　）あみ戸　（○）こたつ

（　）花見　（　）うち水

（○）ゆたんぽ　（○）ストーブ

(2) 冬にかんけいのある言葉三つに、○をつけましょう。(5×3)

（○）雪かき　（　）すだれ

（○）銀世界　（○）雪がっせん

(3) 土の中で育つ、冬においしいやさい四つに、○をつけましょう。(5×4)

（○）れんこん　（○）にんじん

（　）ふき　（○）かぶ

（○）大根　（　）なすび

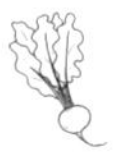

53 頁

四まいの絵を使って

名前

(1) 次の四まいの絵を使って、お話を作ります。

① 次の四まいの絵を、あなたのすきなじゅん番にならべかえましょう。絵の上の○に、ならべかえた番号を書きましょう。

② 四まいの絵は、それぞれ、どんな場面を表していると思いますか。絵の横の（　）に書きましょう。

③ 四まいの絵を使ってお話を考え、そのお話を下の□に書きましょう。

【児童の解答例】

① 

（鳥が花をはこんできた。）

③ 

（花はかさがわりに。）

② 

（お花をもらってうれしい気分。）

④ 

（ちょうがあつまった。）

①ある日鳥さんが花をはこんできて、リスのりっちゃんにわたしました。②お花をもらって、りっちゃんは、うれしい気分になりました。「なににつかおうかな…」③そのときです。とつぜん雨がふってきました。花はかさがわりになりました。④雨がやんだ後、りっちゃんのお花にちょうがひらひらとやってきました。その後ずっとりっちゃんはお花をだいじにしました。

54 頁

カンジーはかせの音訓かるた (1)

名前

(1) 次の漢字の「音」と「訓」を書きましょう。送りがなには――線を引きましょう。「音」はカタカナ、「訓」はひらがなで書きましょう。(3×12)

〈れい〉会（音　カイ）（訓　あう）

① 店（音　テン）（訓　みせ）

② 長（音　チョウ）（訓　ながい）

③ 馬（音　バ）（訓　うま）

④ 虫（音　チュウ）（訓　むし）

⑤ 湖（音　コ）（訓　みずうみ）

⑥ 草（音　ソウ）（訓　くさ）

(2) ――線の言葉を漢字にして（　）に書きましょう。「音」と「訓」に気をつけましょう。(3×8)

〈れい〉わたしは、しゅうじを学校でならいました。

（習字）（習）

① 父の会社をけんがくして、父がはたらくすがたをみました。

（見学）（見）

② ちょうしょくで、目玉やきをたべた。

（朝食）（食）

③ せんせいは、ぼくよりもさきに体育館に入りました。

（先生）（先）

④ むこうのとおりは、いっぽうつうこうだ。

（通）（一方通行）

(3) ――線の漢字の読みがなを、「音」のときはカタカナで、「訓」のときはひらがなで（　）に書きましょう。(4×10)

① 小学校にある高い木の上で、小さな小鳥が鳴いている。

（ショウガッコウ）（ちい）

（ことり）

② 四角形のはこに、花形のかみかざりをつけた、かわいい人形が入れてある。

（シカクケイ）（はながた）

（ニンギョウ）

③ 夜空にはたくさんの星がまたたき、たくさんの星ざをかんさつすることができた。

（ほし）

（セイ）

④ きょうは、雲一つなく晴れている。晴天だ。

（は）

（セイテン）

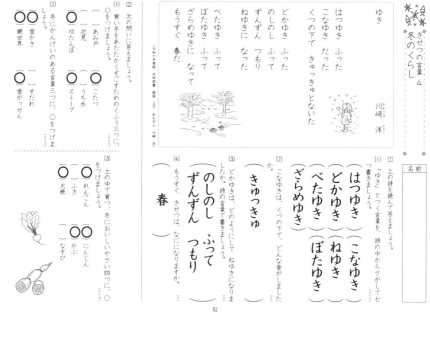

解答例

本書の解答は，あくまでもひとつの例です。児童に取り組ませる前に，必ず指導される方が問題を解いてください。指導される方の作られた解答をもとに，児童の多様な考えに寄り添って〇つけをお願いします。

55頁

カンジーはかせの音訓《おんくん》かるた (2)

名前

(1) 次の文の□には、同じ漢字が入ります。その漢字を下の□に書きましょう。（3×6）

① □炭は黒い□のようだ。 石(木)
② □動会の用具を□ぶ。 運
③ □を□庫に入れる。 車
④ 家族の□真を□す。 写
⑤ □をふくと汽□がなった。 笛
⑥ 毎朝、体□を□べる。 調

(2) 次の漢字の――線の部分の読みがなを書きましょう。（3×15）

① ㋐ 鳥が鳴く。（な） ㋑ 悲鳴を上げる。（めい）

② ㋐ 旅行する（りょこう） ㋑ 旅に出る。（たび）
③ ㋐ 木の根にすわる。（ね） ㋑ 大根を食べる。（だいこん）
④ ㋐ とびらを開く。（ひら） ㋑ 開会式が始まる。（かいかいしき） ㋒ まどを開ける。（あ）

⑤ ㋐ 親せきと会う。（しん） ㋑ 母の親しい友人。（した） ㋒ 親指にけがをした。（おやゆび）
⑥ ㋐ 物語の登場人物。（とうじょうじんぶつ） ㋑ 木に登る。（のぼ） ㋒ 登山する。（とざん）

(3) 次の漢字の――線の部分の読みがなを書きましょう。（3×12）

① 旅先の 宿で宿題 がんばった（やど）（しゅくだい）
② 前を見て みんなで行進 進んでる（こうしん）（すす）
③ 千代紙で つくった作品 千羽づる（ちよがみ）（せんば）
④ 教えてね いつも楽しい 教室で（おし）（きょうしつ）
⑤ 羊の毛 ふわふわあったか 羊毛だ（ひつじ）（ようもう）
⑥ 最後まで 試合に勝った ゆう勝だ（か）（しょう）

55

56頁

ありの行列 (1)

アメリカに、ウィルソンという学者がいます。この人は、次のようなじっけんをして、ありの様子をかんさつしました。

㋐はじめに、ありの巣から少しはなれた所に、ひとつまみのさとうをおきました。しばらくすると㋑一ぴきのありが、そのさとうを見つけました。これは、えさをさがすために、外に出ていたはたらきありです。ありは、やがて、㋒巣に帰っていきました。すると、巣の中から、たくさんのはたらきありが、次々と出てきました。そして、列を作って、さとうの所まで行きました。㋓ふしぎなことに、その行列は、はじめのありが巣に帰るときに通った道すじから、外れていないのです。

次に、この道すじに大きな石をおいて、ありの行く手をさえぎってみました。すると、ありの行列は、石の所でみだれて、ちりぢりになってしまいました。ようやく、一ぴきのありが石の向こうがわに道のつづきを見つけました。そして、さとうに向かって進んでいきました。そのうちに、ほかのありたちも、一ぴき二ひきと道を見つけて歩きだしました。まただんだんに、ありの行列ができていきました。目的地に着くと、ありは、さとうのつぶを持って、巣に帰っていきました。帰るときも、行列の道すじはかわりません。ありの行列は、さとうのかたまりがなくなるまでつづきました。

（令和六年度版　光村図書　国語　三下　あおぞら　大滝《おおたき》　哲也《てつや》）

名前

● 上の文章を読んで答えましょう。

(1) この文章には、どこの国の、何という学者が、何の様子をかんさつしたことが書かれていますか。（9×3）
・国（アメリカ）・学者（ウィルソン）
・かんさつしたもの（あり（の様子））

(2) ㋐はじめに、どこに、何を、おきましたか。（9×3）
（ありの巣）から少し（はなれた）所に、ひとつまみの（さとう）をおいた。

(3) さとうを見つけた㋑一ぴきのありは、どんなありでしたか。（9）
（えさをさがすために外に出ていたはたらきあり。）

(4) ㋑一ぴきのありが、㋒巣に帰っていったあとの、ありの様子を書きましょう。（9×2）
① どこから、何が、どんなふうに、出てきましたか。
（巣の中から、たくさんのはたらきありが、次々と）
② ①は、どこまで行きましたか。
列を作って、（さとうの所まで）行きました。

(5) ㋓ふしぎなこととは、どんなことですか。（9）
（（ありの）行列は、はじめのありが巣に帰るときに通った道すじから、外れていないこと。）

(6) 次の文は、道すじに大きな石をおいて、ありの行く手をさえぎったあとに、おこったことが書かれています。じゅん番になるように（　）に数字を書きましょう。（10）
（3）ほかのありたちも、道を見つけて歩きだした。
（1）ありの行列は、石の所でみだれて、ちりぢりになった。
（4）目的地に着くと、さとうのつぶを持って、巣に帰っていった。
（2）一ぴきのありが、石の向こうがわに道のつづきを見つけ、さとうに向かって進んでいった。
（5）ありの行列は、さとうのかたまりがなくなるまで続いた。

56

57頁

ありの行列 (2)（全文読解《どっかい》）

教科書《きょうかしょ》　「ありの行列」を読んで答えましょう。

名前

(1) 次の文は、ウィルソンがおこなったじっけんについて、書かれています。（　）にあてはまる言葉を□からえらんで書きましょう。（5×6）

① はじめにありの、（巣）から少しはなれた所に、ひとつまみの（さとう）をおきました。
② 巣の中から出てきたたくさんのはたらきありは、（列）を作って、さとうの所まで行きました。
③ ふしぎなことに、ありの行列ははじめのありが巣に帰るときに通った道すじから、（外れていない）いない。
④ ウィルソンは、道すじに、（大きな石）をおいて、ありの（行く手）をさえぎった。

大きな石　さとう　巣
行く手　列　外れて

(2) ウィルソンが、「次に」おこなったことに対しての、ありの様子について、正しいものに〇、まちがえているものに×をつけましょう。（5×5）

（×）道すじに石をおいても、ありの行列は、一度もみだれなかった。
（〇）一ぴきのありが石のむこうがわに道のつづきを見つけ、さとうにむかって進んでいった。
（×）ほかのありたちは、道を見つけることができなかった。
（〇）帰るときも、行列の道すじはかわらなかった。
（〇）ありの行列はさとうのかたまりがなくなるまで続いた。

(3) 次の文は、ウィルソンがはたらきありの体の仕組みを研究して分かったことについて書かれています。（　）にあてはまる言葉を□からえらんで書きましょう。（5×9）

ありは、（おしり）のところから、（とくべつのえき）を、出すことが分かりました。それは、においのある（じょうはつ）しやすいえきです。はたらきありは、えさを見つけると（道しるべ）として、（地面）にこのえきをつけながら帰ります。ほかのありたちも、（におい）をたどって、（えさ）の所へ行ったり、（巣）に帰ったりするので、ありの（行列）ができるというわけです。

えさ　おしり　じょうはつ　地面　巣
道しるべ　行列　におい　とくべつのえき

57

58頁

つたわる言葉で表そう

名前

● 次の文章を読んで答えましょう。

㋐

マラソン大会がありました。

㋐とても寒かったけれど、しばらくすると、㋑とてもあたたかくなってきました。

㋒とても苦しかったですが、さいごまで走りました。

走れてよかったです。

㋑

きのう、マラソン大会がありました。

スタートするときは、みんな寒くてふるえていましたが、走りはじめてしばらくすると、ぽかぽかとあたたかくなってきました。

とちゅうで、走るのをやめたくなるほど苦しくなりました。でも、おうえんしてくれる友だちや、お母さんのすがたが見えたので、さいごまでがんばって走ろうと思いました。ゴールできたときは、うれしくて、なきそうになりました。

つかれたけれど、さいごまで走ることができてよかったです。

58

(1) 右の㋐㋑二つの文章は、中村さんが書いたマラソン大会の感想文です。
㋐の文章には「とても」という言葉がたくさん使われていますが、うまくつたわりません。そこで、様子や気持ちがつたわる言葉を使って㋑のように書き直しました。

① ㋐とても寒かったは、㋑の文章ではどのような言葉で表されていますか。
（寒くてふるえていました）

② ㋑とてもあたたかくなってきましたは、㋑の文章ではどのような言葉で表されていますか。
（ぽかぽかとあたたかくなってきました）

③ ㋒とても苦しかったは、㋑の文章ではどのような言葉で表されていますか。
（走るのをやめたくなるほど苦しくなりました。）

(2) 何かをしているとちゅうで、苦しくなったとき、あなたは、どんなことがあると、さいごまでがんばることができますか。あなたの考えを書きましょう。

略

本書の解答は，あくまでもひとつの例です。児童に取り組ませる前に，必ず指導される方が問題を解いてください。指導される方の作られた解答をもとに，児童の多様な考えに寄り添って○つけをお願いします。

解答例

59頁

たから島のぼうけん

● 次の文章を読んで答えましょう。

たから島のぼうけん　北田　直矢

力持ちで、少しそそっかしいそうまと、いつも注意深く行動するゆなは、小さいころからの友だちです。学校にも、毎日いっしょに通っています。

ある朝、㋐いつものように二人が学校へ向かっていると、道に㋑古い地図が落ちていました。

…

ほのおをはく島に見とれていたそうまは、㋒何かにつまずきました。そのとたん、ゴーッと地ひびきのような音がしました。そうまは、きょだいなわにのしっぽにつまずいて、ねむっていたわにを㋓起こしてしまったのです。

…

あ「このつるを使って。急いで。」

そうまは、ゆなが投げた草のつるで、わにの口をぐるぐるとしばりました。二人は、㋔とぶようににげました。

…

そうして、㋕二人は、ぶじに島から帰ってきました。夕ぐれの町を、明るいひょうじょうで歩く二人のポケットには、たから物がぎっしりつまっています。

①始まり　②出来事が起こる　③出来事がかいけつする　④むすび

（令和六年度版　光村図書　国語　三下　あおぞら「たから島のぼうけん」による）

(1) 右の文の下の①～④の□にあてはまる言葉を、□からえらんで書きましょう。(5×4)

出来事が起こる　むすび
出来事がかいけつする　始まり

〈始まり〉

(2) 次の下の文は、登場人物がどんな人物かを表した文です。上の登場人物と下の文があうように、――線でむすびましょう。(5×2)

① そうま ― 力持ちで、少しそそっかしい。
② ゆな ― いつも注意深く行動する。

〈出来事が起こる〉

(3) ㋐いつものように二人は、どこに向かっていましたか。(5)

（学校）

(4) ㋑古い地図が落ちていたのはいつですか。(5)

（ある朝）

(5) そうまは、㋒何かにつまずきました。について答えましょう。(10×2)

① 何につまずきましたか。

わにのしっぽ

・起こったこと

② そうまは、何を㋓起こしてしまったのですか。(10)

（ゴーッと地ひびきのような音がした。）

ねむっていたわに

〈出来事がかいけつする〉

(6) あは、だれが言ったことばですか。(5)

（ゆな）

(7) 二人は、どのように㋔にげましたか。(10)

（とぶように）

〈むすび〉

(8) ㋕二人とはだれのことですか。(5)

（そうま）と（ゆな）

(9) ㋕二人は、どんなひょうじょうで、歩いていますか。(10)

（明るいひょうじょう）

60頁

お気に入りの場所、教えます

● 次の文章は、発表のれいの文章です。

わたしのお気に入りの場所は、東こうしゃと西こうしゃの間にある中庭です。

中庭がすきな理由は、二つあります。

一つ目は、気持ちのよさです。しばふが植えられているので、夏はすずしく、冬はあたたかく感じます。また、㋐しばふのおかげで転んでもいたくないので、思い切り遊べます。そして、まわりに木や花があるので、㋑きせつを感じることができます。

二つ目は、思い出の場所だということです。みなさんは、ここで、がっしょうの練習をしたことをおぼえていますか。がっしょう祭に向けて、何度も、ここで㋒練習しましたね。はじめは小さな歌声でしたが、㋓練習を重ねるうちに、遠くまでひびく声が出せるようになりました。本番では、みんなの息がぴったり合い、聞きに来てくれたちいきの方に、「きれいなハーモニーだったよ。」と言ってもらえました。

㋔、中庭は、わたしにとって、お気に入りの場所です。これからも、この中庭でたくさんの時間をすごし、いろいろな思い出を作っていきたいと思います。

（令和六年度版　光村図書　国語　三下　あおぞら「お気に入りの場所、教えます」による）

● 1 発表するときについて答えましょう。

理由を話すときの言葉について（　）にあてはまる言葉を、□からさがして書きましょう。(4×4)

・（理由）は二つあります。
・（一つ）目の理由は、――。
・（二つ）目の理由は、――。
・（それ）は、――からです。

一つ　それ　理由　二つ

2 上の発表のれいの文章を読んで答えましょう。

〈はじめ〉

(1) わたしのお気に入りの場所は、どこですか。(8)

（東こうしゃと西こうしゃの間にある）中庭

〈中〉

(2) 中庭がすきな理由について答えましょう。(8×2)

① 一つ目の理由を書きましょう。

（気持ちのよさ。）

② 二つ目の理由を書きましょう。

（思い出の場所だということ。）

(3) 一つ目の理由が書かれた段落を読んで答えましょう。(8×2)

① ㋐思い切り遊べるのは、なぜですか。

（しばふのおかげで転んでもいたくないから。）

② ㋑きせつを感じることができるのは、なぜですか。

（まわりに木や花があるから。）

(4) 二つ目の理由が書かれた段落を読んで答えましょう。(8×2)

① 何に向けて㋒練習しましたか。

（がっしょう祭）

② ㋓練習を重ねるうちに、どんなことができるようになりましたか。

（遠くまでひびく声が出せるようになりました。）

〈終わり〉

(5) ㋔にあてはまる言葉に○をつけましょう。(7)

（　）しかしながら（　）または（○）このように

3 この文章の、「はじめ」「中」「終わり」には何が書いてありますか。□からえらんで（　）に書きましょう。(7×3)

・はじめ（つたえたいこと）
・中（つたえたいことに合った理由）
・終わり（つたえたいことについてのまとめ）

つたえたいことに合った理由
つたえたいこと
つたえたいことについてのまとめ

61頁

モチモチの木 (1)

全く、㋐豆太《まめた》ほどおくびょうなやつはない。もう五つにもなったんだから、夜中に、一人でせっちんぐらいに行けたっていい。

ところが、豆太は、せっちんは表にあるし、表には大きなモチモチの木が㋑つっ立っていて、空いっぱいのかみの毛をバサバサとふるって、両手を「わあっ。」とあげるからって、夜中には、じさまについてってもらわないと、一人じゃしょうべんもできないのだ。

じさまは、ぐっすりねむっている真夜中に、豆太が「じさまぁ。」って、どんなに小さい声で言っても、「しょんべんか。」と、㋒すぐ目をさましてくれる。いっしょにねている一まいしかないふとんを、ぬらされちまうよりいいからなぁ。

それに、とうげのりょうし小屋に、自分とたった二人でくらしている豆太が、かわいそうで、かわいかったからだろう。

けれど、豆太のおとうだって、くまと組みうちして、頭をぶっさかれて死んだほどのきもすけだったし、じさまだって、六十四の今、まだ青じしを追っかけて、きもをひやすような岩から岩へのとびうつりだって、見事にやってのける。

㋓、どうして豆太だけが、こんなにおくびょうなんだろうか――。

（令和六年度版　光村図書　国語　三下　あおぞら　斎藤《さいとう》　隆介《りゅうすけ》）

● 上の文章を読んで答えましょう。

(1) ㋐豆太《まめた》ほど…とありますが、豆太のどんなところがおくびょうなのですか。(15)

（もう五つにもなって、夜中に一人でせっちんにいけないところ。）

(2) ㋑空いっぱいの…について答えましょう。(15×2)

① 空いっぱいのかみの毛とは、モチモチの木のどんな様子を表していますか。

（えだや葉っぱが大きく広がった様子。）

② ――線④の文から、豆太はモチモチの木のことをどう思っているでしょう。

（例）

（こわい。おそろしい。）

(3) じさまが、㋒すぐ目をさましてくれるのはなぜですか。二つ書きましょう。(15×2)

（いっしょにねている一まいしかないふとんを、ぬらされちまうよりいいから。）

（(とうげのりょうし小屋に)自分とたった二人でくらしている豆太が、かわいそうで、かわいかったから。）

(4) 豆太のおとうは、どうして死んだのですか。(15)

（くまと組うちして頭をぶっさかれて死んだ。）

(5) ㋓にあてはまる言葉に○をつけましょう。(10)

（　）それだから
（　）それだけで
（○）それなのに

62頁

モチモチの木 (2)

豆太《まめた》は、真夜中に、ひょっと㋐目をさました。頭の上で、くまのうなり声が聞こえたからだ。

あ「じさまぁっ。」

むちゅうでじさまにしがみつこうとしたが、じさまはいない。

「ま、豆太、心配すんな。じさまは、じさまは、ちょっとはらがいてえだけだ。」

㋑まくら元で、くまみたいに体を丸めてうなっていたのは、じさまだった。

い「じさまっ。」

こわくて、びっくらして、豆太はじさまにとびついた。けれども、じさまは、ころりとたたみに転げると、歯を食いしばって、ますますすごくうなるだけだ。

㋒「医者様をよばなくっちゃ。」

豆太は、小犬みたいに体を丸めて、表戸を体でふっとばして走りだした。

㋓ねまきのまんま。はだしで。半道《はんみち》もあるふもとの村まで――。

外はすごい星で、月も出ていた。とうげの下りの坂道は、一面の真白い霜で、雪みたいだった。霜が足にかみついた。足からは血が出た。豆太は、㋔なきなき走った。いたくて、寒くて、こわかったからなぁ。

でも、大すきなじさまの死んじまうほうが、もっとこわかったから、なきなきふもとの医者様へ走った。

（令和六年度版　光村図書　国語　三下　あおぞら　斎藤《さいとう》　隆介《りゅうすけ》）

● 上の文章を読んで答えましょう。

(1) ㋐目をさましたについて答えましょう。(12×2)

① いつ目をさましましたか。

（真夜中）

② なぜ、目をさましましたか。

（頭の上で、くまのうなり声が聞こえたから。）

(2) あ「じさまぁっ。」と い「じさまっ。」それぞれのときの豆太の気持ちにあてはまる文はどちらですか。（　）に、記号を書きましょう。(8×2)

（い）おどろいて、じさまを心配している。
（あ）じさまに助けをもとめている。

(3) じさまは、どんな様子で㋑うなっていましたか。(12)

（まくら元で、くまみたいに体を丸めてうなっていた。）

(4) 豆太が㋒「医者様をよばなくっちゃ。」と思ったのはなぜですか。(12)

（じさまは、たたみに転げると、歯をくいしばってますますすごくうなるだけだから。）

(5) ㋓ねまきのまんま。はだしで走りだした豆太の気持ちを考えて書きましょう。(12)

（じさまが心配で早く助けたかったから）

(6) ㋔なきなき走ったについて答えましょう。(12×2)

① 豆太がなきなき走ったのはなぜですか。

（いたくて、寒くて、こわかったから。）

② それでも豆太がふもとの医者様へはしったのはなぜですか。

（大すきなじさまの死んじまうほうが、もっとこわかったから。）

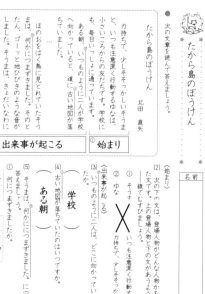

解答例

本書の解答は，あくまでもひとつの例です。児童に取り組ませる前に，必ず指導される方が問題を解いてください。指導される方の作られた解答をもとに，児童の多様な考えに寄り添って○つけをお願いします。

63頁

モチモチの木 (3)（全文読解《どっかい》）

教科書《きょうかしょ》

「モチモチの木」を読んで答えましょう。

(1) 次の一～五の場面をまとめた文の（　）にあてはまる言葉を、下の□から、それぞれえらんで書きましょう。(7×10)

	一	二	三	四	五
場面	おくびょう豆太	やい、木ぃ	霜月《しもつき》二十日のばん	豆太は見た。	弱虫でもやさしけりゃ
内容	豆太は（おくびょう）で、夜中に一人でせっちんに行けない。	豆太は昼間は木の下で「（実い落とせぇ）。」とさいそくするが、夜は、木を見るだけで（しょんべん）も出ない。	モチモチの木に（灯）がともる。一人の子どもしか、見ることができない。それも、（ゆうき）のある子どもだけだ。	じさまのために（医者様）をよびに行く豆太。（小犬）みたいに体を丸めて、走った。（ねんねこばんてん）の中でふしぎなものを見た。	おまえは「（山の神様の祭り）を見たんだ。」とじいさまに言われた。人間、（やさしさ）さえあれば、やらなきゃならねえことは、きっとやるもんだ。

山の神様の祭り　実い落とせぇ
灯《ひ》　おくびょう　医者様　小犬
ねんねこばんてん　ゆうき
しょんべん　やさしさ

(2) 次の文は上の表の一～五のどの場面のことですか。（　）に一～五を書きましょう。(6×5)

（五）じさまが元気になると、そのばんから、豆太は、しょんべんにじさまを起こした。

（四）くまのうなり声と思ったのは、じさまの苦しむ声だった。

（一）じさまは、豆太が「じさまあ。」って、どんなに小さい声で言っても、「しょんべんか。」と、すぐ目をさましてくれる。

（三）豆太は、冬の真夜中に、モチモチの木をたった一人で見に出るなんて、とんでもねえ話だと、はじめからあきらめた。

（二）モチモチの木の実は、こなにして、もちにして食べるとおいしい。

64頁

メロディ ―大すきな わたしのピアノ

登場人物　メロディという名前のピアノ・お母さん（あの女の子）・女の子・お父さん

　メロディは、工場から、知らない家に運ばれました。メロディには、何が起《お》こっているのか分かりませんでした。

　しばらくすると、メロディのけんばんのふたが開けられ、小さな手が、そっとけんばんにふれました。

　メロディは㋐心がふるえました。

㋐「お母さん、ひいてもいい。」

　ド――レ――ミ――。

　人さし指で、けんばんを少しおさえただけでしたが、メロディは、あわてて、せいいっぱいの音をひびかせました。

　それからメロディは、小さな指がおさえるけんばんの音を、一つ一つ、一生けんめいにひびかせました。

㋑「㋑いいこと教えてあげようか。このピアノは、『メロディ』っていうのよ。今日は五月二十四日。お母さんとメロディのおたんじょう日なの。」

　言いながら、お母さんの指が、やさしくけんばんにふれました。

㋒「メロディ、わたしよ。おぼえているかしら。」

　お母さんは、ハッピーバースデーの曲《きょく》をひき始めました。

㋓「わすれるものですか。」この指は、いつもメロディをひいてくれていた、あの女の子の指です。

　メロディは、昔のように、心を合わせて音をひびかせました。

㋔「なんてうれしそうな音かしら。――ごめんね、メロディ。さびしい思いをさせて。」

　㋒その夜、メロディは、㋓なつかしい指で、たくさんの曲をひいてもらいました。お母さんをまねて、女の子も、㋔小さな指でけんばんをおさえてみました。メロディは、その音も、一つ一つ、心をこめてひびかせました。

㋕「このピアノが気に入ったかな。」

㋖「うん、とっても。お父さん、このピアノも、わたしのことが大すきみたい。」

「レッスンはつづけられるかしら。」

「だいじょうぶ。このピアノ――『メロディ』となら、きっとつづけられるわ。」

　そう言うと、女の子とメロディは、㋕はずんだ音をひびかせました。

（令和六年度版　光村図書　国語　三下　あおぞら　くすのき　しげのり）

● 上の文章を読んで答えましょう。

(1) あ～きは、だれが言った言葉ですか。メロディの言葉には㋱、お母さんは㊯、女の子は㋙、お父さんは㋫と書きましょう。(2×7)

あ（子）　い（母）　う（母）
え（メ）　お（母）　か（父）　き（子）

(2) メロディの㋐心がふるえたのはどんなときですか。(10)

（けんばんのふたが開けられ、小さな手が、そっとけんばんにふれたとき。）

(3) ㋑いいこととはどんなことですか。二つ書きましょう。(10×2)

（このピアノの名前は『メロディ』だということ。）

（今日はお母さんとメロディのおたんじょう日だということ。）

(4) ㋒その夜について答えましょう。(10×2)

① 何月何日ですか。

（五月二十四日）

② その夜、メロディは、どんなふうに音をひびかせましたか。

（一つ一つ、心をこめてひびかせました。）

(5) ㋓なつかしい指と㋔小さな指にあてはまる文を下からえらび、――線でむすびましょう。(8×2)

㋓ なつかしい指　―　お母さん（あの女の子）の指

㋔ 小さな指　―　女の子の指

(6) ㋕はずんだ音をひびかせたのは、だれとだれですか。(10×2)

（女の子）と（メロディ）

65頁

漢字の広場 (1)(2)

漢字書き

● 次の□に漢字を書きましょう。

①牛《うし》が②鳴《な》く

③売店《ばいてん》で一④万《まん》円はらう

⑤馬《うま》が二⑥頭《とう》いる

⑦多《おお》い

⑧少《すく》ない

⑨高《たか》い

⑩強《つよ》い

⑪弱《よわ》い

⑫同《おな》じ教室

⑬首《くび》が⑭長《なが》い

⑮黄色《きいろ》

おかしを⑯売《う》る

みせで⑰買《か》う

⑱羽《はね》を大きく⑲広《ひろ》げる

⑳門《もん》をくぐる

㉑地図《ちず》を見る

ぼうけんに㉒行《い》く

西の㉓方角《ほうがく》だ

一本㉔道《みち》

㉕親友《しんゆう》に会う

㉖元気《げんき》になる

㉗太《ふと》い木

㉘心細《こころぼそ》い

立ち㉙止《ど》まる

㉚谷《たに》の上を㉛通《とお》る

㉜弓《ゆみ》と㉝矢《や》

㉞当《あ》たる

㉟天才《てんさい》だ

㊱丸《まる》い㊲岩《いわ》

㊳戸《と》をしめる

たからものが㊴光《ひか》る

つなを㊵引《ひ》く

/40

66頁

漢字の広場 (3)(4)

漢字書き

● 次の□に漢字を書きましょう。

日①曜《よう》日の②朝《あさ》

③顔《かお》をあらう

④姉《あね》と⑤妹《いもうと》

⑥室内《しつない》

人⑦形《ぎょう》

⑧午前《ごぜん》と⑨午後《ごご》

⑩外《そと》であそぶ

なわとびを⑪何回《なんかい》もとぶ

ともだちが⑫来《く》る

⑬半分《はんぶん》にわける

⑭肉《にく》を⑮切《き》る

⑯父《ちち》と⑰母《はは》

⑱夜《よる》

⑲思《おも》い出す

⑳日記《にっき》を書く

㉑兄《あに》と㉒弟《おとうと》

㉓今週《こんしゅう》の㉔当番《とうばん》

㉕毎日《まいにち》

テレビ㉖番組《ばんぐみ》

㉗楽《たの》しみだ

㉘小刀《こがたな》で㉙作《つく》る

㉚東京《とうきょう》へ㉛行《い》く

㉜天文台《てんもんだい》

㉝自動車《じどうしゃ》

㉞近所《きんじょ》の㉟公園《こうえん》

㊱新《あたら》しい㊲家《いえ》

㊳活気《かっき》のある

㊴市場《いちば》

㊵古《ふる》い㊶寺《てら》

㊷広場《ひろば》で㊸走《はし》る

㊹交番《こうばん》

㊺点数《てんすう》を㊻数《かぞ》える

㊼線路《せんろ》

㊽東《ひがし》と㊾西《にし》

㊿北《きた》と(51)南《みなみ》

/51

本書の解答は，あくまでもひとつの例です。児童に取り組ませる前に，必ず指導される方が問題を解いてください。指導される方の作られた解答をもとに，児童の多様な考えに寄り添って◯つけをお願いします。

解答例

67頁

漢字 書き　漢字の広場 (5)(6)

● 次の□に漢字を書きましょう。

① 国語《こくご》　② 話《はな》し　③ 合《あ》い　発 ④ 言《げん》を　⑤ 聞《き》く　⑥ 読書《どくしょ》
⑦ 黒《こく》板　⑧ 社会《しゃかい》　⑨ 新聞《しんぶん》を　⑩ 読《よ》む　⑪ 考《かんが》える　⑫ 知《し》る
⑬ 算数《さんすう》　⑭ 計算《けいさん》　⑮ 教《おし》える　⑯ 答《こた》える　日 ⑰ 直《ちょく》
⑱ 理科《りか》　かん ⑲ 電池《でんち》の　⑳ 回《かい》路　音 ㉑ 楽《がく》　㉒ 歌声《うたごえ》
㉓ 図画工作《ずがこうさく》　㉔ 絵《え》をかく　はさみで ㉕ 切《き》る　㉖ 画用紙《がようし》
㉗ 春《はる》　㉘ 昼《ひる》ごはんを　㉙ 食《た》べる　㉚ 野原《のはら》　㉛ 鳥《とり》がとぶ
㉜ 風《かぜ》がふく　㉝ 晴《は》れ　㉞ 明《あか》るい　㉟ 夏《なつ》　㊱ 海《うみ》　㊲ 魚《さかな》つり
㊳ 船《ふね》にのる　㊴ 体《たい》そう　㊵ 麦茶《むぎちゃ》　㊶ 岩《いわ》かげ　白い ㊷ 雲《くも》
㊸ 秋《あき》　㊹ 山里《やまざと》を　㊺ 歩《ある》く　㊻ 米《こめ》　㊼ 汽車《きしゃ》が　㊽ 走《はし》る
㊾ 遠《とお》い　㊿ 冬《ふゆ》　(51) 夜《よ》空の　(52) 星《ほし》　(53) 雪《ゆき》　(54) 毛《け》糸

名前

/54

67

68頁

漢字 読み　漢字 ① 読み

● 次の（　）に、——線の漢字の読み方を書きましょう。

(2×50)

① 詩を読む（し）　② 言葉（ことば）　③ 学習（がくしゅう）　④ 着目する（ちゃくもく）
⑤ 登場人物（とうじょうじんぶつ）　⑥ 気持ち（きも）　⑦ 旅に出る（たび）
⑧ 白一色（いっしょく）　⑨ 黄金のつるぎ（おうごん）　⑩ 始める（はじ）　⑪ 進む（すす）
⑫ 動く（うご）　⑬ 深い海（ふか）　⑭ 様子（ようす）　⑮ 空気（くうき）
⑯ 物語（ものがたり）　⑰ 場面（ばめん）　⑱ 図書館（としょかん）　⑲ 番号（ばんごう）
⑳ 調べる（しら）　㉑ 使う（つか）　㉒ 問い（と）　㉓ 意味（いみ）
㉔ 湖（みずうみ）　㉕ 漢字（かんじ）　㉖ 自由（じゆう）　㉗ 温かい（あたた）
㉘ あま酒（ざけ）　㉙ 問題（もんだい）　㉚ 発売（はつばい）　㉛ 人形（にんぎょう）
㉜ 文章（ぶんしょう）　㉝ 平気な顔をする（へいき）　㉞ 決める（き）　㉟ 出来事（できごと）
㊱ 落とす（お）　㊲ 相手（あいて）　㊳ 洋服（ようふく）　㊴ 次の日（つぎ）
㊵ 少し高くなった所（ところ）　㊶ 県道（けんどう）　㊷ 有名な店（ゆうめい）　㊸ 水が氷になる（こおり）
㊹ 一分間（いっぷん）　㊺ 六十秒（ろくじゅうびょう）　㊻ 農家（のうか）　㊼ 仕事（しごと）
㊽ 野球（やきゅう）　㊾ ゆうびん局（きょく）　㊿ 全体（ぜんたい）

名前

/100

68

69頁

漢字 書き　漢字 ① 書き

● 次の□に漢字を書きましょう。

(2×50)

① 詩《し》を読む　② 言葉《ことば》　③ 学習《がくしゅう》　④ 着目《ちゃくもく》する
⑤ 登場人物《とうじょうじんぶつ》　⑥ 気持《きも》ち　⑦ 旅《たび》に出る　白 ⑧ 一色《いっしょく》
⑨ 黄金《おうごん》のつるぎ　⑩ 始《はじ》める　⑪ 進《すす》む　⑫ 動《うご》く　⑬ 深《ふか》い海
⑭ 様子《ようす》　⑮ 空気《くうき》　⑯ 物語《ものがたり》　⑰ 場面《ばめん》
⑱ 図書館《としょかん》　⑲ 番号《ばんごう》　⑳ 調《しら》べる　㉑ 使《つか》う　㉒ 問《と》い
㉓ 意味《いみ》　㉔ 湖《みずうみ》　㉕ 漢字《かんじ》　㉖ 自由《じゆう》　㉗ 温《あたた》かいスープ
あま ㉘ 酒《ざけ》　㉙ 問題《もんだい》　㉚ 発売《はつばい》　㉛ 人形《にんぎょう》　㉜ 文章《ぶんしょう》
㉝ 平気《へいき》な顔をする　㉞ 決《き》める　㉟ 出来事《できごと》　㊱ 落《お》とす
㊲ 相手《あいて》　㊳ 洋服《ようふく》　㊴ 次《つぎ》の日　少し高くなった ㊵ 所《ところ》
㊶ 県道《けんどう》を通る　㊷ 有名《ゆうめい》な店　水が ㊸ 氷《こおり》になる　㊹ 一分《いっぷん》間
㊺ 六十秒《ろくじゅうびょう》　㊻ 農家《のうか》　㊼ 仕事《しごと》　㊽ 野球《やきゅう》
ゆうびん ㊾ 局《きょく》　㊿ 全体《ぜんたい》

名前

/100

69

70頁

漢字 読み　漢字 ② 読み

● 次の（　）に、——線の漢字の読み方を書きましょう。

(2×50)

① こま遊び（あそ）　② 発見する（はっけん）　③ 書き表す（あらわ）　④ 昔（むかし）
⑤ 世界中（せかいじゅう）　⑥ 式を行う（おこな）　⑦ 元の場所にもどす（もと）　⑧ 速さ（はや）
⑨ 横（よこ）　⑩ 指（ゆび）　⑪ 鉄（てつ）　⑫ 安定（あんてい）
⑬ 運動会（うんどうかい）　⑭ 予定（よてい）　⑮ 八十メートル走（そう）　⑯ 送る（おく）
⑰ 住所（じゅうしょ）　⑱ 絵の具（ぐ）　⑲ 拾う（ひろ）　⑳ 向かう（む）
㉑ 坂道（さかみち）　㉒ 金具（かなぐ）　㉓ 円いまど（まる）　㉔ 悲鳴（ひめい）
㉕ 緑色（みどりいろ）　㉖ 魚の開き（ひら）　㉗ 羽ばたく（は）　㉘ 海岸（かいがん）
㉙ 路線バス（ろせん）　㉚ 感じる（かん）　㉛ 対する（たい）　㉜ 調子がいい（ちょうし）
㉝ 区切る（くぎ）　㉞ 太陽（たいよう）　㉟ 整える（ととの）　㊱ 歌詞（かし）
㊲ 一部（いちぶ）　㊳ 近所（きんじょ）　㊴ 泳ぐ（およ）　㊵ 練習（れんしゅう）
㊶ 助言をもらう（じょげん）　㊷ 童話（どうわ）　㊸ 申しこむ（もう）　㊹ 引用する（いんよう）
㊺ 出典を調べる（しゅってん）　㊻ 食品（しょくひん）　㊼ 商品（しょうひん）　㊽ お客様（きゃく）
㊾ 句読点をつける（くとうてん）　㊿ 入学式（にゅうがくしき）

名前

/100

70

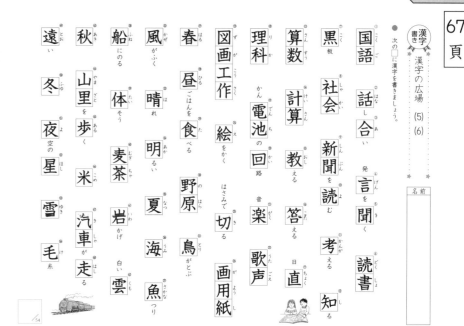

解答例

本書の解答は，あくまでもひとつの例です。児童に取り組ませる前に，必ず指導される方が問題を解いてください。指導される方の作られた解答をもとに，児童の多様な考えに寄り添って○つけをお願いします。

71頁

漢字 書き　漢字 ②　書き

● 次の□に漢字を書きましょう。（2×50）

名前

① こま遊《あそ》び　② 発見《はっけん》する　③ 書き表《あらわ》す　④ 昔《むかし》

⑤ 世界中《せかいじゅう》　⑥ 式を行《おこな》う　⑦ 元《もと》の場所にもどす　⑧ 車の速《はや》さ

⑨ 横《よこ》　⑩ 指《ゆび》　⑪ 鉄《てつ》　⑫ 安定《あんてい》　⑬ 運動会《うんどうかい》

⑭ 予定《よてい》　⑮ 八十メートル走《そう》　⑯ 送《おく》る　⑰ 住所《じゅうしょ》　⑱ 絵の具《ぐ》

⑲ 拾《ひろ》う　⑳ 向《む》かう　㉑ 坂道《さかみち》　㉒ 金具《かなぐ》　㉓ 円《まる》いまど

㉔ 悲鳴《ひめい》　㉕ 緑色《みどりいろ》　㉖ 魚の開《ひら》き　㉗ 羽《は》ばたく　㉘ 海岸《かいがん》

㉙ 路線《ろせん》バス　㉚ 感《かん》じる　㉛ 赤組対《たい》青組　㉜ 調子《ちょうし》がいい

㉝ 区切《くぎ》る　㉞ 太陽《たいよう》の光　㉟ 整《ととの》える　㊱ 歌詞《かし》をおぼえる

㊲ 一部《いちぶ》をとり出す　㊳ 近所《きんじょ》　㊴ 泳《およ》ぐ　㊵ 練習《れんしゅう》

㊶ 助言《じょげん》をもらう　㊷ 童話《どうわ》　㊸ 申《もう》しこむ　㊹ 引用《いんよう》する

㊺ 出典《しゅってん》を調べる　㊻ 食品《しょくひん》　㊼ 商品《しょうひん》　㊽ お客様《きゃくさま》

㊾ 句読点《くとうてん》をつける　㊿ 入学式《にゅうがくしき》

／100

71

72頁

漢字 読み　漢字 ③　読み

● 次の（　）に，——線の漢字の読み方を書きましょう。（2×50）

名前

① 晴天（せいてん）　② 去年（きょねん）　③ 二倍（にばい）　④ 毛筆（もうひつ）

⑤ 銀行（ぎんこう）　⑥ 同時に見る（どうじ）　⑦ 新たなくらし（あら）　⑧ 植物（しょくぶつ）

⑨ 集める（あつ）　⑩ 化石（かせき）　⑪ 地面（じめん）　⑫ 死にたえる（し）

⑬ 都合（つごう）　⑭ 両手（りょうて）　⑮ 負ける（ま）　⑯ 係りの仕事（かか）

⑰ 全員そろう（ぜんいん）　⑱ 夏祭り（なつまつ）　⑲ 農作業（のうさぎょう）　⑳ 鉄板（てっぱん）

㉑ 電柱（でんちゅう）　㉒ 休日（きゅうじつ）　㉓ 油田（ゆでん）　㉔ 港町（みなとまち）

㉕ 時計（とけい）　㉖ 目薬（めぐすり）　㉗ 草笛（くさぶえ）　㉘ 雲海（うんかい）

㉙ 新雪がつもる（しんせつ）　㉚ 注意する（ちゅうい）　㉛ 悪者（わるもの）　㉜ 感知する（かんち）

㉝ 勝負する（しょうぶ）　㉞ 広大な土地（こうだい）　㉟ 車庫（しゃこ）　㊱ 間近にせまる（まぢか）

㊲ 勉強（べんきょう）　㊳ お昼の放送（ほうそう）　㊴ 切手の売買（ばいばい）　㊵ 電波（でんぱ）

㊶ 文字を入力する（にゅうりょく）　㊷ 感想（かんそう）　㊸ 写真（しゃしん）　㊹ 列車（れっしゃ）

㊺ 血が出る（ち）　㊻ 暗い部屋（くら）　㊼ 橋の下（はし）　㊽ 夏は暑い（あつ）

㊾ 冬は寒い（さむ）　㊿ 軽い（かる）

／100

72

73頁

漢字 書き　漢字 ③　書き

● 次の□に漢字を書きましょう。（2×50）

名前

① 晴天《せいてん》　② 去年《きょねん》　③ 二倍《にばい》にふえる　④ 毛筆《もうひつ》で書く

⑤ 銀行《ぎんこう》　⑥ 同時《どうじ》に見る　⑦ 新《あら》たなくらし　⑧ 植物《しょくぶつ》

⑨ 集《あつ》める　⑩ 化石《かせき》　⑪ 地面《じめん》　⑫ 死《し》にたえる　⑬ 都合《つごう》

⑭ 両手《りょうて》　⑮ 負《ま》ける　⑯ 係《かか》りの仕事　⑰ 全員《ぜんいん》そろう

⑱ 夏祭《なつまつ》り　⑲ 農作業《のうさぎょう》　⑳ 鉄板《てっぱん》　㉑ 電柱《でんちゅう》がたおれる

㉒ 休日《きゅうじつ》　㉓ 油田《ゆでん》　㉔ 港町《みなとまち》　㉕ 時計《とけい》　㉖ 目薬《めぐすり》

㉗ 草笛《くさぶえ》をふく　㉘ 雲海《うんかい》　㉙ 新雪《しんせつ》がつもる　㉚ 注意《ちゅうい》する

㉛ 悪者《わるもの》　㉜ 感知《かんち》する　㉝ 勝負《しょうぶ》する　㉞ 広大《こうだい》な土地

㉟ 車庫《しゃこ》　㊱ 間近《まぢか》にせまる　㊲ 勉強《べんきょう》　㊳ お昼の放送《ほうそう》

㊴ 切手の売買《ばいばい》　㊵ 電波《でんぱ》　㊶ 文字を入力《にゅうりょく》する　㊷ 感想《かんそう》

㊸ 写真《しゃしん》　㊹ 列車《れっしゃ》　㊺ 血《ち》が出る　㊻ 暗《くら》い部屋　㊼ 橋《はし》の下

㊽ 夏は暑《あつ》い　㊾ 冬は寒《さむ》い　㊿ 軽《かる》い

／100

73

74頁

漢字 読み　漢字 ④　読み

● 次の（　）に，——線の漢字の読み方を書きましょう。（2×50）

名前

① 女の子の命（いのち）　② 第一場面（だいいちばめん）　③ 読み返す（かえ）　④ 主語（しゅご）

⑤ 九州（きゅうしゅう）　⑥ 屋根（やね）　⑦ 荷物（にもつ）　⑧ 守る（まも）

⑨ 役立つ（やくだ）　⑩ 風船をとばす（ふうせん）　⑪ 新米を食べる（しんまい）　⑫ 大豆（だいず）

⑬ 育つ（そだ）　⑭ 消化のよい食べもの（しょうか）　⑮ 取り出す（と）　⑯ 時期（じき）

⑰ 畑（はたけ）　⑱ 終わり（お）　⑲ 福来たる（ふく）　⑳ 急ぐ（いそ）

㉑ 早起き（はやお）　㉒ 苦労《ろう》する（く）　㉓ 待ち合わせ（ま）　㉔ 相談（そうだん）

㉕ 鼻をすする（はな）　㉖ 歯をみがく（は）　㉗ 漢字とかなを交ぜる（ま）　㉘ 中央に立つ（ちゅうおう）

㉙ 学校の二階（にかい）　㉚ 委員会の仕事（いいんかい）　㉛ 学級新聞（がっきゅう）　㉜ 昭和のはじめ（しょうわ）

㉝ 駅に行く（えき）　㉞ 文字を教わる（おそ）　㉟ りんごの皮むき（かわ）　㊱ 皿あらい（さら）

㊲ 短歌と俳句《はいく》（たんか）　㊳ ため息（いき）　㊴ 美しい（うつく）　㊵ 転ぶ（ころ）

㊶ 病気（びょうき）　㊷ お医者様（いしゃ）　㊸ 水を飲む（の）　㊹ 荷物が重い（おも）

㊺ 心配する（しんぱい）　㊻ 一度だけ（いちど）　㊼ 幸せ（しあわ）　㊽ 交流（こうりゅう）

㊾ 水族館（すいぞくかん）　㊿ 日記帳（にっきちょう）

／100

74

75 頁

漢字書き　漢字④　書き

● 次の□に漢字を書きましょう。

名前

(2×50)

① 女の子の命《いのち》
② 第《だい》一《いち》場《ば》面《めん》
③ 読み読《かえ》す
④ 主《しゅ》語《ご》
⑤ 九《きゅう》州《しゅう》地方
⑥ 屋《や》根《ね》
⑦ 荷《に》物《もつ》
⑧ 守《まも》る
⑨ 役《やく》立《だ》つ
⑩ 風《ふう》船《せん》をとばす
⑪ 新《しん》米《まい》を食べる
⑫ 大《だい》豆《ず》
⑬ 育《そだ》つ
⑭ 消《しょう》化《か》のよい食べもの
⑮ 取《と》り出す
⑯ 田植えの時《じ》期《き》
⑰ 畑《はたけ》
⑱ 終《お》わり
⑲ 福《ふく》来たる
⑳ 急《いそ》ぐ
㉑ 早《はや》起《お》き
㉒ 苦《く》労《ろう》する
㉓ 待《ま》ち合わせ
㉔ 相《そう》談《だん》
㉕ 鼻《はな》をすする
㉖ 歯《は》をみがく
㉗ 漢字とかなを交《ま》ぜる
㉘ 中《ちゅう》央《おう》に立つ
㉙ 学校の二《に》階《かい》
㉚ 委《い》員《いん》会《かい》の仕事
㉛ 学《がっ》級《きゅう》新聞
㉜ 昭《しょう》和《わ》のはじめ
㉝ 駅《えき》に行く
㉞ 文字を教《おそ》わる
㉟ りんごの皮《かわ》むき
㊱ 皿《さら》あらい
㊲ 短《たん》歌《か》と俳句《はいく》
㊳ ため息《いき》
㊴ 美《うつく》しい
㊵ 転《ころ》ぶ
㊶ 病《びょう》気《き》
㊷ お医《い》者《しゃ》様
㊸ 水を飲《の》む
㊹ 荷物が重《おも》い
㊺ 心《しん》配《ぱい》する
㊻ 一《いち》度《ど》だけ
㊼ 幸《しあわ》せ
㊽ 交《こう》流《りゅう》
㊾ 水《すい》族《ぞく》館《かん》
㊿ 日《にっ》記《き》帳《ちょう》

/100

76 頁

漢字読み　漢字⑤　読み

● 次の（　）に、——線の漢字の読み方を書きましょう。

名前

(2×50)

① （ちよがみ）千代紙
② （ま）曲がる
③ （な）投げる
④ （とうしゅ）野球の投手
⑤ （せきたん）石炭
⑥ （ようもう）羊毛
⑦ （やど）旅先の宿
⑧ （ちゅうしょく）昼食を食べる
⑨ （いっちょう）とうふ一丁
⑩ （みやだいく）宮大工
⑪ （じいん）古い寺院
⑫ （れい）お礼の手紙
⑬ （じょうとう）上等のケーキ
⑭ （はんたい）反対意見
⑮ （きみ）君とぼく
⑯ （の）バスに乗る
⑰ （にわ）家の庭
⑱ （ゆ）行く手をさえぎる
⑲ （こま）細かい文字
⑳ （けんきゅう）自由研究
㉑ （まじ）線が交わる
㉒ （う）ホームランを打つ
㉓ （う）電話を受ける
㉔ （じま）たから島
㉕ （お）追いかける
㉖ （み）木の実
㉗ （こんや）今夜の月
㉘ （かみさま）山の神様
㉙ （くすりばこ）薬箱
㉚ （あ）まちの明かり
㉛ （ゆ）ふろの湯
㉜ （たにん）他人
㉝ （じしん）自分自身
㉞ （へや）部屋をかたづける
㉟ （ちょくせん）直線
㊱ （きょう）今日は休みだ
㊲ （あす／あした）明日は遠足だ
㊳ （ちゅうしん）話の中心
㊴ （たしょう）多少のちがい
㊵ （きょうじゃく）強弱
㊶ （かよ）学校に通う
㊷ （はず）道から外れる
㊸ （けさ）今朝は寒い
㊹ （そうちょう）早朝マラソン
㊺ （そうごうてき）総合的
㊻ （ふたり）二人
㊼ （おとなよう）大人用のくつ
㊽ （ひがし）東の空
㊾ （にし）西の雲
㊿ （こうこうせい）高校生

/100

77 頁

漢字書き　漢字⑤　書き

● 次の□に漢字を書きましょう。

名前

(2×50)

① 千《ち》代《よ》紙《がみ》
② 曲《ま》がる
③ 投《な》げる
④ 野球の投《とう》手《しゅ》
⑤ 石《せき》炭《たん》
⑥ ふわふわの羊《よう》毛《もう》
⑦ 旅先の宿《やど》
⑧ 昼《ちゅう》食《しょく》を食べる
⑨ ○丁《ちょう》目○○番地
⑩ 宮《みや》大《だい》工《く》
⑪ 古い寺《じ》院《いん》
⑫ お礼《れい》の手紙
⑬ 上《じょう》等《とう》のケーキ
⑭ 反《はん》対《たい》意見
⑮ 君《きみ》とぼく
⑯ バスに乗《の》る
⑰ 家の庭《にわ》
⑱ 行《ゆ》く手をさえぎる
⑲ 細《こま》かい文字
⑳ 自由研《けん》究《きゅう》
㉑ 線が交《まじ》わる
㉒ ホームランを打《う》つ
㉓ 電話を受《う》ける
㉔ たから島《じま》
㉕ 追《お》いかける
㉖ 木の実《み》
㉗ 今《こん》夜《や》の月
㉘ 山の神《かみ》様《さま》
㉙ 薬《くすり》箱《ばこ》
㉚ まちの明《あ》かり
㉛ ふろの湯《ゆ》
㉜ 他《た》人《にん》
㉝ 自分自《じ》身《しん》
㉞ 部《へ》屋《や》をかたづける
㉟ 直《ちょく》線《せん》
㊱ 今日《きょう》は休みだ
㊲ 明《あ》日《す》は遠足だ
㊳ 話の中《ちゅう》心《しん》
㊴ 多《た》少《しょう》のちがい
㊵ 強《きょう》弱《じゃく》
㊶ 学校に通《かよ》う
㊷ 道から外《はず》れる
㊸ 今《け》朝《さ》は寒い
㊹ 早《そう》朝《ちょう》マラソン
㊺ 総《そう》合《ごう》的《てき》
㊻ 二人《ふたり》
㊼ 大人《おとな》用のくつ
㊽ 東《ひがし》の空
㊾ 西《にし》の雲
㊿ 高《こう》校《こう》生《せい》

/100

改訂版 教科書にそって学べる

国語教科書プリント　3年　光村図書版

2024年3月15日　　第1刷発行

企画・編著：原田 善造　他10名
イラスト：山口 亜耶　他
装　　丁：寺嵜　徹　デザイン制作事務所
装丁イラスト：山口 亜耶　鹿川 美佳

発行者：岸本 なおこ
発行所：喜楽研（わかる喜び学ぶ楽しさを創造する教育研究所）
〒604-0854 京都市中京区二条通東洞院西入仁王門町２６番地1
TEL：075-213-7701　FAX：075-213-7706
印刷：株式会社 米谷

喜楽研WEBサイト
書籍の最新情報（正誤表含む）は喜楽研WEBサイトをご覧下さい。

ISBN：978-4-86277-483-5